LA QUESTION DES SUCRES

AU

POINT DE VUE COLONIAL

SUIVI DE

L'ÎLE DE LA RÉUNION DEVANT LA DERNIÈRE LOI SUR LES SUCRES

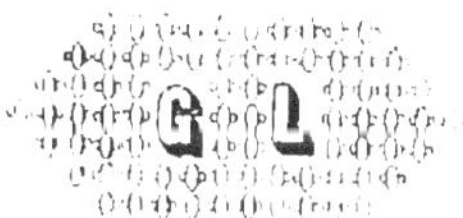

SAINT-DENIS (RÉUNION)

TYPOGRAPHIE DE GABRIEL LAHUPPE, RUE DU CONSEIL, 119

—

1865

LA QUESTION DES SUCRES

AU

POINT DE VUE COLONIAL.

— ⊱⋅⊰ —

L'INDUSTRIE BETTERAVIÈRE

ET L'INDUSTRIE COLONIALE COMPARÉES

Sous le rapport du capital, du personnel, du matériel
et de l'exploitation.

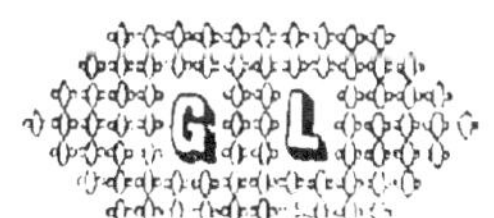

SAINT-DENIS (RÉUNION)

TYPOGRAPHIE DE GABRIEL LAHUPPE, RUE DU CONSEIL, 119

—

1865

L'intérêt qui s'attache, en ces temps de dé-
cadence coloniale, à l'étude des questions d'où
dépend l'avenir de notre grande industrie, nous
fait espérer que le modeste travail que nous
présentons aux lecteurs rencontrera quelque
sympathie, ici aussi bien qu'en France.

Disséminés dans une publication bi-hebdo-
madaire, les articles que nous réunissons dans
ce recueil n'ont pu offrir le même enchaînement
d'idées et la même logique de développements
que l'on découvrira dans une lecture non inter--
rompue.

C'est surtout en vue de faciliter les travaux
auxquels le Conseil général ne manquera pas
de se livrer dans la session de cette année, que
nous avons cru utile de publier cette brochure

Thomy Lahuppe.

AVANT-PROPOS.

Un étrange phénomène se passe en ce moment. A la même heure, aux deux extrémités de la terre, l'orage gronde sur les colonies de la France, et ces pauvres petits pays, à moitié ensevelis sous les ruines qui s'amoncellent, se sentent mourir à la peine.

Quelles causes fatales ont amené ce désastre général? Par quelle rigoureuse logique l'Occident et l'Orient sont-ils témoins à la fois des mêmes sinistres? Est-ce que le défaut de calcul et l'imprévoyance auraient compromis l'antique fortune des colons, édifiée au prix de tant de généreux efforts? Est-ce que la race des planteurs aurait dégénéré et serait devenue incapable de poursuivre l'œuvre traditionnelle?

Non certainement! Le spectacle de la lutte héroïque que les colonies soutiennent, avec une si rare opiniâtreté, contre des malheurs immérités , proclame bien haut que ce n'est ni l'intelligence , ni le courage , ni la grandeur d'âme des habitants qui ont trahi leur ancienne prospérité.

Des raisons plus fortes que la volonté humaine ont provoqué la catastrophe qui attriste nos regards. Il n'a pas fallu moins qu'une coalition de causes puissantes pour briser tout ce qu'il y avait de force virile et de patiente énergie dans le cœur de ces populations fières et vivaces, maintenant courbées sous le poids de grandes et persistantes infortunes. Tandis que des lois mauvaises les condamnaient à un ingrat labeur, les fléaux de la nature attaquaient la fécondité du sol, et la terre, appauvrie, refusait les produits qui devaient aider à conjurer les effets de la loi.

Il n'appartient, sans doute, à personne de pénétrer les desseins mystérieux de la Providence et de discuter les cruelles leçons qu'elle nous envoie. Mais, si nous devons nous incliner devant une volonté supérieure, la loi qui nous atteint saurait-elle nous inspirer le même respect aveugle et la même résignation chrétienne?

Au contraire, il nous semble qu'un devoir à la fois d'équité et de patriotisme s'impose à la conscience, en face d'une législation qui perpétue, dans nos pays laborieux, un état de choses plein de souffrances pour le présent et de dangers pour l'avenir.

Si les colonies ne veulent pas périr, il faut qu'elles s'appliquent, sans trêve ni relâche, à démontrer les imperfections de cette législation, à dévoiler l'injustice dont elles sont victimes, et à réclamer, par tous les moyens possibles, le respect et l'inviolabilité de leurs droits trop souvent méconnus.

Depuis que la France s'est résolue à laisser vivre et grandir dans son sein, à l'ombre de la prohibition, l'industrie betteravière, il n'est pas un jour où la loi n'ait violé le principe de l'égalité, qui devait équilibrer les conditions de la lutte redoutable engagée entre l'industrie indigène et l'industrie coloniale.

On avait pu espérer dès l'abord que l'expérience aurait facilité l'application de ce principe dans sa rigueur, en supprimant toutes les causes

de préjudice au fur et à mesure qu'elles auraient
été reconnues. Au lieu de cela, les années en
s'écoulant n'ont fait que porter de plus en plus
atteinte à l'égalité promise, et, à l'heure qu'il est,
à peine une faible détaxe coloniale, dernier ves-
tige d'une protection qui va bientôt disparaître,
tient-elle un compte illusoire aux colonies des
nombreuses causes d'infériorité résultant d'une
situation exceptionnelle. Quant à la détaxe de
distance, la plus légitime de toutes les mesures
protectrices, elle a déjà disparu.

Dans une récente étude, qu'on n'a peut-être
pas oubliée (*), nous avons montré, avec l'élo-
quence des chiffres, comment la législation actuelle avait réalisé, dans ses dispositions anor-
males, une monstrueuse inégalité de droits, non
seulement entre les colonies françaises d'une part
et d'autre part la production indigène et les colonies étrangères, mais encore entre la Réunion et
les Antilles.

La comparaison de la loi du 9 mai 1860, révi-

(*) *L'Ile de la Réunion devant la dernière loi sur les sucres*
(*Moniteur* des 12 et 16 août 1865).

sée en 1862 , avec celle du 18 avril 1864 , donnait pour notre colonie un accroissement de droits de 2 f. 20 , tandis que les charges incombant aux Antilles étaient réduites de 1 f. 40, et que les sucres étrangers bénéficiaient d'un abaissement de 3 f. 60.

Il résultait du rapprochement que nous avons fait les conclusions suivantes :

1° La déviation entre les droits payés par la Réunion et ceux payés par les Antilles est, sous le régime actuel comparativement à la législation de 1862, de 3 f. 60 à notre préjudice.

2° La déviation par rapport à l'industrie betteravière est de 2 f. 20, également à notre préjudice.

3° Enfin la déviation par rapport aux sucres étrangers est de 5 f. 80 , encore et toujours à notre préjudice.

Ainsi le principe de l'égalité est méconnu de la manière la plus manifeste dans les tarifs nouveaux, comme il l'avait été dans les précédents , et, par une singulière contradiction, nous voyons la loi armer nos rivaux d'une force plus considérable, à mesure qu'ils grandissent et que nous, nous nous affaiblissons.

Pourtant la cause des colonies n'est-elle pas la cause même de la France, avant d'être celle du faible et de l'opprimé? Qui fournit à la navigation au long cours l'aliment de ses transports? Qui entretient par un large commerce avec la métropole cette flotte puissante de navires, dont les opérations enrichissent les armements français, en même temps que l'État y trouve pour ses propres bâtiments une mine inépuisable de marins expérimentés?

Évidemment, il y a, dans le persistant sacrifice des colonies par la France, un malentendu qu'entretiennent l'ignorance et l'esprit de routine.

On connaît mal nos lointaines possessions dans les sphères où se débattent leurs grands intérêts. C'est là une vérité triste à constater. Mais, en même temps, elle nous impose la tâche de tenter tous les efforts en notre pouvoir, pour rompre le cercle d'indifférence et d'oubli qui nous étreint, et pour faire que la lumière arrive jusqu'à ceux qui tiennent nos destinées dans leurs mains.

Plus nous considérons les nécessités que nous impose notre situation particulière, plus nous sommes frappé de l'inégalité des conditions que nous avons à subir dans la lutte engagée, lutte d'où l'on sait que dépendent notre fortune et notre existence.

Il nous semble que dans l'appréciation de ces conditions, d'après lesquelles devait être réglé l'équilibre égalitaire, non seulement on ne nous a pas tenu compte de l'infériorité résultant de notre éloignement, mais qu'on a trop négligé de faire figurer dans la balance ces autres éléments, qui sont : la constitution du capital, l'organisation du travail, l'installation et le fonctionnement des usines, enfin le mode d'exploitation.

Il y a, dans cette étude de notre économie spéciale, une source inépuisable d'imperfections à signaler, de différences choquantes à mettre en lumière, et, par suite, de réclamations à faire en notre faveur.

En principe, la notoriété publique proclame que nous sommes inférieurs à l'industrie betteravière et que nous avons besoin d'être protégés contre elle. Mais on ne sait pas bien, dans la pratique, quelles sont les causes multiples et surtout quelle est l'étendue de cette infériorité. Pour s'en rendre un compte exact, il faut analyser en détail le vaste ensemble des rouages qui composent notre machine agricole, industrielle et commerciale, et en comparer le mécanisme compliqué avec les procédés analogues de l'industrie indigène.

Tel est le travail que nous osons entreprendre. Nous le diviserons en trois parties principales: le *capital*—le *personnel* et le *matériel*—et enfin l'*exploitation*. Dans cette triple étude viendront naturellement se grouper toutes les questions qui se rattachent au fonctionnement vital du Pays, et dont la solution doit contribuer au développement harmonique de notre existence économique.

L'INDUSTRIE BETTERAVIÈRE

ET L'INDUSTRIE COLONIALE COMPARÉES

SOUS LE RAPPORT DU CAPITAL, DU PERSONNEL, DU MATÉRIEL
ET DE L'EXPLOITATION.

PREMIÈRE PARTIE

Le Capital

I

Causes générales de la supériorité de l'industrie indigène d'après les économistes.

Les économistes n'ont jamais hésité à reconnaître les nombreux avantages qui résultent pour la sucrerie indigène des circonstances particulières au milieu desquelles elle fonctionne. Industrie régnicole, elle trouve sous la main, dans le milieu même où elle vit, les engins dont elle a besoin, aussi bien que l'aide puissante de la science toujours prête à servir ses progrès; à la porte des marchés où se consomment ses produits, elle n'a

à subir ni le coût onéreux des transports lointains,
ni les charges de toute nature qui sont le résultat
naturel de l'éloignement. En un mot, tout ce qui
est cause de perte pour les colonies est source de
profits pour l'industrie indigène.

Horace Say a résumé, dans un passage saisis-
sant de vérité, quelques uns des avantages dont
nous venons de parler. Son opinion à ce sujet est
bonne à recueillir. Elle est en quelque sorte le
programme succinct du sujet que nous voulons
développer.

Voici comment s'exprime ce savant économiste :

« Les avantages dont a joui la fabrication du
« sucre indigène ont tenu non seulement à la pri-
« me résultant de la franchise pour elle des droits
« de douane, mais encore à l'exemption des frais
« de navigation maritime, d'assurances et de com-
« missions commerciales, toutes dépenses inévi-
« tables pour les sucres coloniaux. La proximité
« des lieux de consommation était pour elle un
« avantage que diverses circonstances rendaient
« plus influent encore. Les fabricants pouvaient
« stimuler le zèle des savants européens, et mettre
« plus promptement leur zèle à profit. Les pro-
« cédés chimiques et mécaniques appliqués à la
« betterave se sont singulièrement perfectionnés,
« tandis que l'art d'extraire le sucre de canne de-

« meurait stationnaire. C'était aussi un grand
« avantage que d'employer des ouvriers libres et
« intelligents au lieu de mains esclaves ; et même
« depuis l'affranchissement des noirs, la produc-
« tion est loin d'être devenue plus facile aux An-
« tilles françaises : les affranchis redoutent de se
« livrer à une culture fatigante, qui leur rappelle
« trop la servitude.

« L'avantage de la situation consiste sans dou-
« te beaucoup pour la fabrication du sucre indi-
« gène dans la facilité de choisir chez nous le
« sol, qui, en certaines parties, comme dans le
« département du Nord, fournit des betteraves
« riches en sucre ; mais l'avantage de situation
« résulte encore d'une circonstance qui semble
« dominer toutes les autres. Pour fabriquer le
« sucre, il faut faire évaporer les jus, concentrer
« les sirops et arriver à une dernière cuisson.
« C'est donc essentiellement une question de
« combustible. Dans l'une des nombreuses discus-
« sions soulevées à l'occasion du sucre indigène,
« un propriétaire de mines s'écriait un jour, avec
« une certaine apparence de raison : « Quand
« vous mangez du sucre, vous croyez que c'est
« une portion de la betterave que vous avez sous
« la dent. Détrompez-vous : c'est essentiellement
« un morceau de houille. » Sous ce rapport, les
« fabriques du département du Nord sont encore

« des mieux placées ; au lieu de cela, à la Mar-
« tinique et à la Guadeloupe, le combustible man-
« que tout à fait. On y est réduit à brûler la ti-
« ge écrasée des cannes, la *bagasse*, pour cuire le
« sucre. »

II

Causes d'infériorité pour les colonies résultant de la monoculture.

A l'énumération des causes d'infériorité dont
les colonies ont à gémir cruellement, il faut ajouter en première ligne le système de monoculture
auquel des nécessités de temps et de situation ,
plus encore que le stimulant de l'ambition et les
tentations de la fortune , semblent les avoir condamnées.

Notre sort n'est-il pas d'être en tout et pour
tout des pays d'exception ? Sous le rapport agricole et commercial, cela est vrai aussi bien que
sous le rapport administratif et politique. Notre
agriculture est presque forcément bornée à un
seul produit, le sucre, et notre commerce se réduit à l'échange de ce produit unique contre les
objets nécessaires à notre consommation intérieu-
re.

Le sucre est donc le pivot, la cheville ouvrière de la fortune coloniale ; en lui vient se résumer et se formuler le problème de notre existence: être ou ne pas être. Il est l'expression dernière de nos tendances, de nos efforts, de nos aspirations, le but vers lequel convergent toutes nos entreprises ; en lui sont la force du présent et l'espoir de l'avenir. Les récoltes sont-elles belles et les lois favorables? la prospérité bénit nos travaux ; la tempête, les fléaux ravagent-ils nos plages? la détresse succède aux jours heureux.

De là une impérieuse obligation de veiller sur l'industrie à laquelle nous avons confié notre sort, comme sur l'arche sainte de notre bonheur. La monoculture, source parfois de profits inespérés et d'abondantes richesses, est souvent aussi l'épée de Damoclès suspendue sur nos têtes. En nous liant à une étroite et inextricable destinée, elle nous a condamnés à ne trouver de ressources qu'en elle-même. Nous n'avons point en effet à compter sur les légitimes compensations résultant ailleurs de la diversité des industries, et de la sage distribution des forces nationales entre des entreprises différentes, dont la mutualité en quelque sorte entretient sans cesse le niveau de la fortune publique.

Quelle différence ! D'un côté des industries alimentées au moyen de matières premières étrangères et réexportant la plus grande partie de leurs

3

produits à l'étranger, se partagent l'activité du pays, multiplient les chances de succès de ses entreprises et forment autant de courants par lesquels circulent le flux et le reflux de la richesse nationale. De l'autre côté, le contraste frappant d'une industrie répondant à la fois des engagements du passé, des obligations du présent et des nécessités de l'avenir. Faible parce qu'elle est isolée, instable parce qu'elle est exposée aux secousses les plus imprévues, elle a néanmoins concentré en elle toutes les forces vives du pays, et elle est devenue le grand ressort de son existence. De là une source permanente d'appréhensions, d'embarras et de périls ; de là ce réseau de lourds devoirs qui enveloppe les colonies, et ce cercle vicieux d'incertitude et de crainte qui comprime leurs généreux élans et jusqu'aux battements de leur cœur.

III

Infériorité résultant de la constitution du capital.

Dans les colonies, où l'esprit d'association n'a encore fait que des progrès modérés, le mode de constitution des capitaux présente, sur le système pratiqué en France, une différence sensible,

cause d'une infériorité considérable pour les premières.

Ainsi, tandis que d'une part l'exploitation, sou-
verainement aléatoire, ne s'inspire que du génie
de la spéculation et est condamnée au succès toujours et quand même, sous peine de péricliter et
d'échouer, de l'autre elle opère sur une réalité,
sur un gage certain et durable, de telle sorte qu'-
elle peut être ébranlée par des événements mal-
heureux, mais que presque toujours elle est as-
surée de tenir tête à l'orage et de sortir victo-
rieuse des plus terribles épreuves.

Ce mode de formation du fonds d'exploitation
de la sucrerie indigène constitue l'une de ses forces les plus réelles. Au lieu d'être un gage fictif
comme ailleurs, et de représenter pour la plupart du temps une dette plutôt qu'un capital, il
est réalisé à l'avance et reçoit une solidité plus
grande encore du mode même dont il est formé,
nous voulons dire de l'association. En France,
en effet, les terres et les usines sont toujours pa-
yées comptant ; les capitaux associés subviennent
à l'achat et à l'exploitation qui, n'ayant pas de
créanciers, fonctionne sans autres soucis et sans
autres entraves que ceux qu'elle rencontre dans
les influences de la nature ou des événements. Le
produit paie-t-il exactement les frais ? il n'y a pas
de dividende à répartir ; reste-t-il au-dessous ? on

a recours à un appel de fonds; les dépasse-t-il? on se partage le profit, trop heureux les actionnaires quand, après le prélèvement de la réserve — car il y a-là bas une réserve pour les mauvais jours — ils touchent un dividende seulement de 6 %.

On comprend ce qu'un tel système donne de force et de sécurité à une opération soumise d'ailleurs à tant de risques inévitables, et quelle garantie résulte de la fixité du gage social d'abord, ensuite et surtout de la solidarité de l'association, intéressée à soutenir et à assurer l'existence de l'œuvre commune.

Dans ces conditions, l'exploitation peut traverser bien des écueils sans craindre de s'échouer au milieu de la route; elle n'a pas à redouter les orages passagers sous lesquels elle plie mais ne se rompt pas. Le pire qu'il puisse lui arriver est une liquidation et le remboursement au moins partiel des actionnaires. En un mot, suivant qu'elle prospère ou qu'elle va mal, sa situation se raisonne comme à la Bourse: les actions sont en hausse ou en baisse, mais l'exploitation marche toujours sans entraves, car elle ne doit qu'à elle-même et elle a à sa disposition la précieuse ressource des obligations.

Qu'il y a loin de cette manière de travailler au système compliqué de l'exploitation coloniale! Ici il faut que l'effort isolé de l'individu suffise à la tâche complexe et au rôle difficile que l'association remplit là-bas. Encore faut-il ajouter, pour rester dans la vérité, que cette tâche et que ce rôle acquièrent, dans les colonies, une importance plus grande, et imposent une responsabilité plus considérable, en raison des nécessités locales et des conditions particulières d'une exploitation forcément gigantesque.

Ainsi les vastes étendues de terre nécessaires aux plantations, l'usine, le charroi, l'immense personnel des travailleurs, le planteur aura tout cela à se procurer avec ses propres deniers, et réunira dans sa seule main le lourd faisceau de ces rouages multiples et la périlleuse administration de tous ces grands intérêts.

Ce ne sera pas tout. Quand il aura les terres, la fabrique et les hommes, il faudra exploiter, c'est-à-dire ajouter à ce capital les dépenses de faisance-valoir, dont les intérêts varieront, bon an mal an, entre le 9 et le 12 pour %, la plupart du temps à l'escompte, avec courtages, etc. etc.

Comment le planteur sortira-t-il de ce dédale d'exigences onéreuses et de graves devoirs ? Si la chance sourit à son entreprise, si le sol fécond et généreux rend au centuple les semences qu'il lui confie, si, en un mot, la nature et l'homme ne s'associent pas pour conspirer contre son œuvre, il est certain qu'il se tirera d'affaire et même qu'il s'enrichira.

Mais viennent les tristes jours, les sécheresses, la plaie des insectes, les mauvaises lois, le désastre de la fortune publique et privée, le resserrement de l'argent qui en est la rigoureuse conséquence, alors il verra le gouffre s'ouvrir sous ses pas. Tant qu'il trouvera du crédit il marchera, les yeux tournés vers l'horizon où il ne cessera d'entrevoir l'espérance de la résurrection. Mais que la crise se prolonge, et chaque jour, chaque heure aggravera le péril, jusqu'à ce que, à bout d'expédients, épuisé de lassitude et de déceptions, il se laisse tomber dans l'abîme final.

Hélas! jetons les yeux autour de nous : c'est l'histoire d'hier. Que de naufragés sur nos plages ! Que de mutilés sur le champ de bataille de notre industrie !

IV

Les habitants sont condamnés à être débiteurs.

L'exploitation coloniale tourne fatalement dans un cercle vicieux : contrainte à une mise dehors considérable avant que de commencer, elle est condamnée, pour marcher, à emprunter, et les mêmes engagements qui, dans les temps heureux,

favorisent ses succès, aux jours de l'adversité
l'entraînent dans la voie des inextricables difficultés et des périls imminents.

Devoir, telle est la loi de l'habitant sucrier :
dura lex, sed lex. Mais si, en se mettant sous le
coup d'une dette permanente, le colon obéit à une
rigoureuse nécessité, il trouve aussi, on peut le
dire à son honneur, dans le sentiment de ses obligations, le plus actif stimulant de ses travaux et
l'aiguillon le plus énergique de son ambition.

Il nous semble difficile de considérer l'industrie coloniale à un autre point de vue qu'à celui
d'une exploitation forcément prise dans l'engre-
nage des engagements dont nous venons de parler. Combien peu de sucriers sont liquides ! C'est
l'imperceptible exception. Pour la grande majori-
té, ne sont-ils pas, au contraire, rivés à une dette
qu'ils s'efforcent sans cesse d'éteindre, comme les
Danaïdes de la fable s'efforçaient de remplir leur
indocile tonneau ?

Faut-il accuser les habitants d'avoir dévelop-
pé et d'entretenir le vice radical qui mine sans relâche l'édifice de leur position ; faut-il leur repro-
cher cette constitution instable de leur exploitation, qui est le plus redoutable écueil contre lequel des orages passagers peuvent briser l'esquif
de leur destinée ?

Sans doute, cette obligation de toujours recon-

rir au crédit a produit des abus. Mais, dans la
réalité des choses, il paraît impossible que l'habitant sucrier puisse se soustraire à une exigence
qui puise son origine dans l'inflexible logique
d'une situation exceptionnelle, dans l'étendue des
efforts imposés aux colons et dans la grandeur
des travaux auxquels ils sont soumis.

Pour s'en convaincre, il suffit de considérer,
dans un simple coup d'œil, les dépenses multiples
qu'entraîne l'édification d'une usine et les difficultés de toute nature auxquelles est sujette une exploitation coloniale.

Une fabrique de sucre d'une force et d'une production moyennes, fonctionnant avec les procédés les plus simples, ne représente pas moins de
200,000 francs, bâtiments compris. A cette somme s'ajoutent les dépenses des autres construc-
tions accessoires, les engagements des travailleurs, l'acquisition des charrettes, des mules, des
divers instruments de travail, de tous les rouages de détail enfin, sans lesquels la machine générale ne saurait marcher, soit en total encore
200,000 francs. En outre, il faut à l'exploitation
environ 80,000 à 100,000 gaulettes de terre, à
raison de 7 fr. 50 la gaulette, prix, comme on le
voit, excessivement réduit, soit 5 ou 600,000
francs.

L'addition des sommes qui précèdent donne

pour premier résultat: que le moindre capital nécessaire à l'installation d'une usine à sucre est d'un million. Combien de fois ce chiffre est-il dépassé!

Faisons de suite une réflexion : quel est l'heureux possesseur d'un million de francs réalisés, qui voudrait l'enfouir dans une exploitation hasardeuse, et se résigner, dans l'espoir d'un succès fort douteux, au fardeau des écrasantes occupations et des soucis de chaque jour auxquels est astreint l'habitant?

Proclamons-le avec le bon sens: peu d'hommes sont capables d'une pareille folie. Seules les tentations de la fortune et les séductions de la spéculation sont susceptibles de pousser, dans cette carrière parfois si ingrate, des esprits entreprenants, qui croient pouvoir suppléer à l'insuffisance des capitaux par leur intelligence, par leurs aptitudes, par leur activité et par la force qu'ils puisent dans une généreuse ambition... L'histoire est là pour attester que la chance a souri à beaucoup de ceux-là.

V

Manque d'esprit d'association.

En équité, au lieu de blâmer l'extrême témérité de nos planteurs industriels, il faut déplorer que l'association ne vienne pas consolider l'industrie sucrière sur des bases plus solides et lui prêter cette force de travail et d'expansion qui résulte de l'union.

Actuellement le Pays est encore livré au système des initiatives personnelles et des efforts individuels. Sous ce rapport comme sous bien d'autres, il a des progrès à réaliser. Les premiers essais d'association n'ont pas toujours été heureux, il est vrai ; mais quelques mécomptes, inévitables au début des innovations, sauraient-ils autoriser à fermer sans retour la porte à des idées utiles, que l'expérience conseille d'adopter et que la raison approuve ?

Inspirons-nous de l'exemple instructif de ces établissements, les uns anciens, les autres de plus récente date, qui se sont formés par actions et dont la marche régulière, sinon la prospérité, atteste la vitalité et la puissance de l'association. La Banque de la Réunion, à leur tête, témoigne des espérances que le Pays a le droit de fonder sur les institutions créées en vertu de ce principe et des services qu'il peut en attendre. Le temps, sans doute, en faisant son éducation, l'entrainera dans cette voie féconde où il hésite encore à marcher.

De ce qui précède, il faut conclure que nous sommes placés dans l'alternative ou de n'avoir pas d'agriculture coloniale, ou d'en avoir une fonctionnant dans les conditions actuelles, c'est-à-dire avec une dette. Dans la première hypothèse nous avons la barbarie primitive, dans la seconde le progrès, — le progrès avec les sacrifices qu'il exige, il est vrai, et avec les déceptions qu'il procure, mais aussi avec ses encouragements et ses satisfactions.

Toutefois, s'il faut reconnaître l'inexorable nécessité et la parfaite légitimité de la dette sur laquelle on peut dire que vit l'habitant sucrier, il n'est pas moins juste de constater que cette position de débiteur est pour lui une cause déplorable de faiblesse, en même temps qu'une source perpétuelle d'embarras et de dangers.

Que de vicissitudes réservées à cette exploitation dispendieuse que menacent sans cesse les catastrophes les plus imprévues ! Alors qu'elle plie sous le poids de frais si considérables et d'engagements si onéreux, comment fera-t-elle pour traverser des épreuves multipliées comme celles qui l'assiégent en ce moment ?

Regardez : tout conspire contre elle, la nature et les hommes ; tandis que des fléaux inconnus tarissent les sources de sa production et réduisent ses récoltes, la loi la frappe de ses rigueurs et des tarifs implacables lui enlèvent d'un seul coup un million et demi de francs ! Le désas-

tre se prolonge, la misère publique est à son
comble : le crédit, fatigué, épuisé, mutilé, se
retire de l'arène. La dette de l'habitant, semblable à la boule de neige, s'accroît à vue d'œil
de toutes les ruines partielles qui s'amoncellent
autour de lui. Bientôt la confiance qu'il inspi-
rait s'ébranle, et à sa dette s'ajoute un intérêt
qui s'élève progressivement, à mesure que diminuent les garanties qu'il offre. Enfin la mal-
heureuse victime de tant de revers est rendue
sur le bord de l'abîme, et elle va y tomber,
si le calme et la paix propices ne reviennent
pas dans le ciel orageux.

Ah ! sans doute, notre sol généreux est capable,
quand la Providence lui prodigue l'abondance et
la fécondité, de préserver du naufrage les positions les plus désespérées. L'histoire est là pour
raconter que, pareille à la boîte de Pandore, la
terre coloniale recèle dans son sein des trésors
d'espoir. Dans le passé, que d'entreprises désas-
treuses au début ont été couronnées par une fortune inespérée ! Puisse se réveiller, en ces jours
de détresse, l'antique fertilité du sol colonial !
Quand tout nous abandonne, quand nous nous
sentons mourir, l'aide seule du Ciel peut nous
sauver !

Mais si l'avenir a ses espérances, il a aussi ses
secrets et ses déceptions. Ne comptons donc que

dans une certaine mesure sur les compensations
plus ou moins probables qu'il nous réserve. En
attendant l'heure de la justice providentielle,
travaillons, résistons, protestons contre les vio-
lations du droit qui nous atteignent, ne nous
laissons pas abattre sous le coup du malheur et
de l'iniquité, levons devant le monde un front
que ne courbent ni l'adversité ni l'injustice!

VI

Nécessité de changer le mode de constitution du capital colonial.

En réalité, on ne peut nier que, dans les temps
de production normale, notre sol ne soit suscep-
tible non seulement de subvenir aux dépenses
d'une grande exploitation sucrière et à l'intérêt
du capital engagé, mais encore de permettre à
l'industriel de se liquider dans un délai relativement très court.

Si cela est vrai, comme il n'en faut pas dou-
ter, il ne resterait donc qu'à se préoccuper d'or-
ganiser le capital de manière à mettre l'industrie
à même de supporter les crises malheureusement
trop fréquentes qui lui impriment de si violents
mouvements de recul.

L'excellence du mode de constitution du capital de la sucrerie indigène, en France, nous dispense de rechercher à quel autre système il importe d'accorder la préférence. Évidemment nous ne saurions mieux faire que d'imiter un exemple qui se recommande par l'autorité d'une si longue et si concluante expérience.

Transformer l'exploitation actuelle en société par actions, c'est-à-dire remplacer la responsabilité individuelle par l'association et par la solidarité, tel parait être le meilleur et le plus sûr remède à la situation. Seule, cette substitution de l'être collectif à l'individu isolé semble capable de communiquer à l'industrie sucrière la force d'action et la stabilité qui lui manquent encore.

Pour se convaincre des avantages d'une semblable organisation, il suffit de considérer ce qui se passerait en ce moment si, au lieu de retomber de tout son poids sur des individualités, l'état des choses actuelles mettait des sociétés puissantes aux prises avec ses difficultés passagères.

Incontestablement, dans ce système, l'agriculture n'éprouverait ni les embarras, ni les ébranlements terribles qui la précipitent aujourd'hui dans une voie de périls imminents. Sur la plupart des sucreries, le produit aurait payé les frais. Les actionnaires, il est vrai, n'auraient pas touché de dividende. Leurs actions même ne représenteraient plus qu'une valeur amoindrie dans une proportion plus ou moins forte. Mais, du moins, l'agriculture, qui est la pierre angulaire de la fortune de ce pays, qui est surtout son unique source de production, s'avancerait sans secousse au milieu des déchirements de la situation, meurtrie mais non compromise par des catastrophes dont elle serait certaine de triompher.

D'un autre côté, le capitaliste, au lieu d'avoir en portefeuille des billets qui ne représentent qu'une signature, aurait des actions qui représenteraient la terre elle-même, gage sujet à variations comme toutes les valeurs, mais le seul qui soit vraiment impérissable. Alors la confiance ne serait pas ébranlée, et le capital, qui se retire maintenant effrayé, serait resté dans la circulation, favorisant le mouvement de l'exploitation courante et l'aidant à sortir de l'ornière où elle est embourbée.

VII

Secours à attendre des institutions de crédit.

Mais le moment n'est pas venu où ces vérités seront comprises de tous. C'est donc à d'autres moyens qu'il faut demander, pour le quart d'heure, la consolidation de notre édifice industriel chancelant sur ses bases.

Le Crédit foncier offre , dans sa combinaison , la meilleure, la plus positive des ressources. Effectivement , quand la dette de l'habitant lui coûte annuellement de 13 à 14 %, cet établissement lui permet de l'amortir en 50 ans, au moyen d'une annuité de 10, 04 %.

Nous ne voulons pas dire par là , d'une manière absolue , que le Crédit foncier soit une institution émminemment généreuse pour ses emprunteurs. Outre que le calcul montrerait facilement qu'il fait payer de très gros intérêts , par l'excessive réserve des ses estimations il amoindrit singulièrement les services qu'il est appelé à rendre à l'agriculture.

Au début , le Crédit foncier colonial était entré dans une voie rationnelle d'évaluation. Mais sous la pression d'on ne sait quelle crainte chimérique , on l'a vu peu à peu procéder avec une timidité qui, en dépréciant les propriétes , a fait qu'il n'a servi qu'à demi les intérêts des colons.

Au bout du compte, à qui profite la dépréciation dont nous parlons ? A coup sûr ce n'est pas au Crédit foncier. A plus forte raison n'est-ce pas à ses clients.

Loin d'avoir l'utilité qu'on a voulu poursuivre, le Crédit foncier, par son mode d'évaluation réduite , peut au contraire causer un tort considérable à l'agriculture. S'il est certain que les prêts actuels sont insuffisants, mieux vaudrait ne pas prêter du tout peut-être que d'amener à bref délai une liquidation forcée.

Tel serait, en effet, le funeste résultat des exigences du Crédit foncier, si la crise se prolongeait au delà des limites de temps qu'il est possible de prévoir. Au contraire, si l'importance de ses prêts était calculée sur les besoins de la situation, ils permettraient aux habitants de se soutenir et d'arriver sans encombre jusqu'au jour où la prospérité reviendra.

En dehors du Crédit foncier, il faut reconnaitre qu'il n'y a guère de ressource pour la consolidation du capital colonial que dans le concours des établissements de crédit public.

Exprimons donc l'espoir de voir les statuts de la Banque modifiés dans un sens plus libéral.

Quant aux capitaux privés, respectons leur indépendance. Ils reviendront d'eux-mêmes lorsque la confiance renaitra, car l'intérêt de ceux qui les détiennent n'est pas qu'ils restent immobilisés et stériles dans les coffres-forts.

Déjà nous les avons vus s'associer pour fonder des sources nouvelles de crédit, au profit des emprunteurs qui frappaient vainement aux portes des autres établissements. Peut-être même, dans ce rôle bienfaisant, les capitaux particuliers sont-ils encore trop réservés, de telle sorte qu'au lieu

de les utiliser, l'association ne semble avoir fait
que centraliser leur immobilité.

Qu'on ne croie pas, pourtant, que notre but
tende à pousser au développement démesuré du
crédit. Sans nul doute, ce sont ses excès qui ont
produit le mal auquel nous sommes en proie,
car, ainsi que le disait un économiste, s'il est par
lui-même une bonne chose, il ne crée pas les capitaux d'un souffle de son haleine. Ce que nous
prétendons, c'est que le crédit, qui a entrainé le
Pays hors de ses voies rationnelles, ne l'abandonne pas au plus fort du péril, mais qu'il l'aide au
contraire à rentrer dans le droit chemin.

Nous croyons avoir suffisamment montré l'infériorité de l'industrie coloniale par rapport à
l'industrie indigène sous le rapport du capital. Il
serait presque superflu d'ajouter que nos usines,
nos charrois, en un mot la plupart des objets qui
nous sont nécessaires, nous coûtent le double de
ce qu'ils valent en Europe, et que notre personnel
dispendieux de travailleurs vient encore augmen-
ter dans une notable proportion les charges multiples qui nous incombent.

Au surplus, ces différentes questions seront
exposées dans la suite de cette étude.

DEUXIÈME PARTIE

Le Personnel et le Matériel

VIII

Supériorité pour l'industrie indigène résultant du travail libre.

Nous avons déjà dit que, dans le système compliqué de l'industrie coloniale, le mode d'organisation du travail et les exigences du matériel d'exploitation constituent à notre préjudice des charges de beaucoup supérieures à celles qui pèsent sur l'industrie régnicole. Le personnel, par l'obligation de payer une prime d'engagement, le matériel, par les frais considérables que nécessitent le transport des engins et l'installation de l'usine, sont une double source de dépenses sans cesse renaissantes pour la sucrerie coloniale.

Mais ces différences, quelque remarquables qu'elles soient, ne représentent encore qu'une partie des causes d'infériorité résultant pour les colonies de leur situation particulière. C'est surtout dans la faisance-valoir que les conditions de la lutte se montrent le plus inégales de notre côté.

En France, l'industriel ne contracte aucun engagement avec ses ouvriers. Il n'est lié envers eux que par le contrat éphémère qui résulte de l'échange du travail contre le salaire. Cet échange a lieu pour ainsi dire de la main à la main, et là se bornent les rapports entre employés et patrons.

L'ouvrier vient-il à tomber malade par une circonstance particulière ou par le fait d'une épidémie ? — Il n'est pas à la charge du maitre.

Le pain augmente-t-il de prix ? — Seul l'employé en supporte les conséquences. Il le paie plus cher, s'il peut, sinon il en consomme moins, sans qu'en aucun cas il puisse exiger une rémunération plus élevée.

Le travail vient-il à manquer ? — Le patron ferme l'usine et congédie ses ouvriers.

En un mot, le travailleur, quoi qu'il arrive, n'est jamais sur les bras de l'industriel. Quand il travaille, il touche son salaire ; quand il ne travaille pas, on ne lui doit rien.

Ajoutons que les émoluments sont toujours proportionnés à l'intelligence et aux aptitudes de l'ouvrier. Celui-ci n'est rétribué que d'après les services qu'il rend. Par là sont supprimées les non-valeurs qui grèvent si lourdement ici l'article des gages.

IX

Le sucrier colonial est un patriarche.

Combien les choses se passent-elles différemment aux colonies !

Ici l'industriel n'est plus un spéculateur ordinaire. Du jour où il s'est déterminé à faire le métier de sucrier, il devient un véritable patriarche des temps antiques. En se rendant propriétaire de l'usine, il a adopté la grande famille des travailleurs qui y sont attachés, et il s'est obligé, non seulement à leur payer leurs gages, mais encore à les loger, à les vêtir, à les nourrir et à leur fournir au besoin les soins médicaux.

L'engagé, en effet, tombe-t-il malade ? — Sa paye, à la vérité, est suspendue ; mais, durant tout le temps de sa maladie, le maitre continue à pourvoir à ses besoins et lui assure le médecin et les remèdes.

Survient-il une épidémie, comme celles qui désolèrent la Colonie en 1852 et 1859, comme celle qui, en ce moment encore, décime nos ateliers? — L'Administration alors intervient et prescrit aux propriétaires des précautions hygiéniques toujours dispendieuses.

Proclamons-le, d'ailleurs, à la louange des habitants de la Réunion, il est rare qu'en pareil cas ils attendent l'ordre supérieur de l'Autorité pour se montrer prodigues de charité et d'humanité. Presque toujours ils dépassent et souvent devancent les prescriptions de l'Administration.

Quoi qu'il en soit, concluons que ces soins en quelque sorte de père de famille constituent pour les propriétaires coloniaux une lourde et complexe charge, qui ne figure jamais sur l'état de situation d'une sucrerie indigène.

X

L'uniformité des salaires coloniaux est une cause de déchet dans le travail.

L'uniformité des salaires accordés aux travailleurs étrangers est une cause remarquable de déchet dans la production du travail aux colonies.

Ce salaire résulte d'un contrat passé dans l'Inde ou en Afrique, et transporté ici à l'engagiste qui l'accepte. Tout homme, quelles que

soient ses forces, son intelligence et ses aptitudes, reçoit la même paye, la même nourriture,
le même vêtement; il acquiert en un mot les mêmes droits et se soumet aux mêmes obligations,
en vertu d'un engagement pareil.

Que résulte-t-il de cette uniformité et de cette
fixité des gages? C'est que l'émulation qui, en
Europe, décuple les forces de l'ouvrier et contribue si puissamment à la fortune du patron,
n'existe pas chez nous.

Là bas, un climat rigoureux est l'énergique
stimulant du travailleur. Toujours en face du
besoin, celui-ci obéit sans cesse, dans son rude
labeur, au désir d'améliorer sa position. Il sent
la nécessité de se bien nourrir, de se vêtir chau-
dement, de se chauffer dans l'hiver. Ainsi, de
sa part une plus grande somme d'efforts et une
application plus soutenue; car ses gages se me-
surent à l'importance de ses services réels.
Trop heureux si, après avoir suffi aux exigences
de la vie, il peut prélever sur ses salaires l'épar-
gne pour les mauvais jours de la maladie et du
chômage !

Aux colonies, au contraire, une législation
exceptionnelle a supprimé le ressort de l'ambition
et tari les sources fécondes de l'émulation chez
les travailleurs. Enclins à l'indolence par nature, encouragés à l'oisiveté par la clémence du ciel

sous lequel ils vivent, les laboureurs africains et asiatiques ne sentent jamais l'aiguillon de la nécessité. Ils se reposent volontiers du soin de leur existence sur l'engagiste, qui en a, d'ailleurs, la charge légale. Ils sont comme autant d'enfants qui savent qu'ils peuvent compter sur leur père.

Quelle volonté d'améliorer leur sort pourrait exciter ces hommes au travail ? Faibles ou forts, intelligents ou brutes, actifs ou paresseux, vieillards ou hommes robustes, tous sont égaux devant la tâche quotidienne, comme ils le sont devant la paye. Ils savent bien cela; pourquoi dès lors l'un travaillerait-il plus que l'autre, quand rien, peut-être pas même la satisfaction du maître, ne récompensera un zèle inaccoutumé ?

Résumons ce point par une rigoureuse conclusion. Dans l'organisation du travail colonial, on a pris le niveau par en bas, et le personnel de nos ateliers, au lieu de représenter comme en Europe le *maximum*, ne représente ici que le *minimum* du travail qu'il est possible d'obtenir.

De là, on le conçoit aisément, une cause considérable d'infériorité pour les colonies, si l'on réfléchit que, pour toute industrie, la première condition de succès est dans la distribution judicieuse du travail et dans la sage économie des non-valeurs.

XI

Charges extraordinaires du sucrier colonial.

Nous avons dit que le sucrier colonial est un patriarche. Cette comparaison n'est pas vraie seulement à cause des rapports qui existent entre lui et ses travailleurs. Elle se justifie encore par l'obligation qui lui est imposée de recevoir et d'entretenir sur sa propriété un certain nombre de femmes et d'enfants, dont les primes d'engagement, la nourriture et les autres frais sont à sa charge.

Ainsi il ne suffit pas que l'habitant soit le père adoptif de ses engagés et qu'il subvienne à tous leurs besoins. Il faut, en outre, qu'il leur fournisse des femmes et qu'il élève de ses propres deniers les familles qui croissent et se multiplient sur ses domaines, transformés en véritables phalanstères.

On prétend que cela est moral. C'est possible, mais ce n'en est pas moins ruineux, et nous ne savons quelle figure feraient les industriels européens si, pour cause de moralité, on prétendait les astreindre à entretenir, dans leurs ateliers, des femmes pour leurs ouvriers, et à être les pères nourriciers des enfants qui naîtraient de cette vaste polygamie.

Ce vice d'organisation de nos ateliers ruraux amène ce résultat déplorable, qu'une partie importante du capital d'une exploitation sucrière est forcément absorbée par un personnel dont les 2/3 à peine fournissent un travail effectif.

D'ailleurs, ce capital placé sur la vie humaine est périssable comme elle. Il se réduit sans cesse, ou plutôt il demande à être perpétuellement renouvelé, par l'effet des désertions et de l'expiration des contrats, aussi bien que par celui de la mortalité. Les *primes d'engagements* constituent l'un des plus lourds impôts de l'industrie coloniale, tandis que c'est un article de dépenses étranger à l'industrie métropolitaine.

Ajoutons, aux causes de préjudice qui précèdent, le dommage provenant de l'indiscipline et de la mauvaise volonté d'hommes à demi sauvages, que nos lois rigoureuses frappent trop souvent à l'égal des hommes civilisés. De là encore une réduction dans l'effectif du travail normal des ateliers.

XII

Pertes résultant pour l'habitant de la cherté des denrées alimentaires.

Pour remplir jusqu'au bout le rôle de père de famille que la loi lui impose, l'habitant doit pourvoir à l'alimentation de ses nombreux engagés.

De cette obligation résulte pour lui une nouvelle source de charges exorbitantes et de continuels sacrifices. Les denrées alimentaires sont-elles à bon marché? L'habitant en profite, il est vrai. Mais qui ne sait que c'est la très rare exception? La plupart du temps, au contraire, les objets nécessaires à l'existence coûtent cher, dans un pays où la liberté du commerce n'existe pas, et qui, tirant toute sa nourriture du dehors, est soumis aux fluctuations des marchés lointains et au hasard des mille événements qui peuvent influer sur le prix des denrées qu'il introduit à grands frais.

Pour ne parler que du riz, qui est la base de l'alimentation de nos travailleurs, à quelles variations n'est-il pas sujet? Depuis une quinzaine d'années seulement, on a pu remarquer que le prix s'en est élevé de 50 %, ce qui veut dire, dans la langue des chiffres, qu'aujourd'hui une propriété d'un revenu moyen, ayant un personnel numérique de 400 hommes environ, dépense annuellement, pour ce seul article, douze mille francs de plus qu'il y a quinze ans!

Est-il besoin d'ajouter qu'à quelques époques de l'année, le riz, sous l'influence de certaines circonstances, est l'objet d'une spéculation qui a toujours pour résultat d'en élever le cours?

Or, qui supporte toutes ces différences? —

L'habitant, soumis à l'obligation de fournir à ses engagés leurs vivres en nature.

XIII

Insuffisances de travailleurs.

Nos industriels, cependant, sont loin de se récrier contre une multiplicité de charges qui, en des temps propices, peuvent avoir des compensations. Plût au Ciel même qu'il leur fût possible de se procurer autant de travailleurs que réclament les besoins des champs et des usines!

Malheureusement l'insuffisance des bras vient encore ajouter aux causes de faiblesse qui minent notre industrie par tous les côtés.

L'interdiction du recrutement africain, qui a enchaîné les colonies à l'immigration illusoire de l'Inde anglaise, a frappé de stagnation le travail colonial, et chaque jour voit le vide se creuser de plus en plus dans nos ateliers, dépeuplés à la fois par la désertion et par la mortalité.

Ainsi, tandis qu'à Maurice les immigrants arrivent en si grand nombre qu'on est obligé parfois de ralentir le zèle des recruteurs anglais, pour éviter l'encombrement du pays par des travailleurs inutiles, nos propres agents sont impuissants à entretenir entre l'Inde et la Colonie un courant d'immigration qui satisfait à peine au quart de nos besoins, et nos sucriers se trouvent dans la dure nécessité de recourir, moyennant d'énormes sacrifices, à des entrepreneurs, pour achever leurs travaux de culture.

A ce sujet, des esprits bien intentionnés, mais complétement abusés sur la situation, ont cru à la possibilité de ramener les anciens affranchis à l'agriculture. Sans doute, si ce retour avait lieu, ce serait un bienfait, d'abord pour les hommes de 1848 qui végètent, depuis la liberté, dans la misère et l'indigence, ensuite et surtout pour l'agriculture et pour le Pays entier, qui puiserait dans son propre sein les travailleurs dont il a besoin, au lieu d'aller les chercher, à grands frais, soit en Asie, soit en Afrique.

Mais hélas! une longue et triste expérience nous a convaincus que les anciens esclaves, pas plus que leurs fils, n'étaient disposés aujourd'hui à se plier aux occupations agricoles. Les uns préfèrent la misérable oisiveté qu'ils ont obtenue par l'émancipation à un labeur qui leur rappelle la servitude. Les autres, entassés dans les écoles primaires, apprennent à dédaigner des travaux désormais incompatibles avec leur demi-savoir. Ils aspirent plus haut qu'à la glèbe, qu'ils considèrent comme le patrimoine des hommes ignorants et grossiers.

Ne nous abusons donc pas à cet égard. Se bercer de l'espoir qu'un jour la population affranchie retournera aux champs, c'est entretenir une illusion funeste, qui aurait pour conséquence de détourner, à notre détriment, l'attention publique du véritable but auquel tous nous devons tendre.

La seule voie de salut du travail colonial, c'est la reprise du recrutement africain. Ne cessons pas de tourner nos regards vers le proche continent où le vent porte nos navires, et où des populations exubérantes n'attendent que notre appel pour fuir la patrie désolée par la guerre, la famine et la tyrannie, et pour venir, à l'ombre protectrice de nos lois, travailler avec nous à la richesse de notre colonie hospitalière.

Au surplus, ce sont là les questions de l'avenir. Pour le moment n'envisageons que les intérêts du présent. Il y a, dans cet ordre de préoccupations, un ensemble d'études assez vaste pour que notre ambition se borne à s'y arrêter.

XIV

Causes de la cherté du matériel de l'exploitation coloniale.

Le matériel de la sucrerie coloniale est l'un des plus compliqués qui se puisse voir dans le domaine de l'industrie, et de cette complication résulte une disproportion notable entre les procédés de la sucrerie indigène et ceux employés par l'exploitation coloniale.

Sans parler des engins, machines et outils de toutes sortes que cette dernière fait venir de l'extérieur, et qui occasionnent des frais si considérables de commissions, d'assurances, de transport, de débarquement, etc., notons, comme une de ses plus lourdes dépenses, l'acquisition et l'entretien des animaux indispensables pour le charroi des cannes de la plantation au moulin, et pour celui du sucre, de l'habitation aux lieux de dépôt.

Ces transports se font presque toujours par des mules soit du Poitou, soit de la Plata et de l'Uruguay.

Une mule du Poitou coûte sur les lieux de à 5 600 francs. Elle se vend ici le double, 1,000 ou 1,200 francs.

Une mule de la Plata coûte dans le pays d'extraction 100 à 125 francs. Elle se vend à l'arrivée le triple de sa valeur primitive, soit 3 à 400 francs.

En admettant qu'on emploie moitié de l'une de ces espèces et moitié de l'autre, la moyenne d'une bête ressort à 800 francs.

En supposant toujours une propriété d'un revenu moyen , ayant un charroi de 60 mules qui peuvent servir pendant huit ans , on arrive , pour le seul renouvellement, à une dépense annuelle d'au moins 6,000 francs.

Ce n'est pas tout. Il faut nourrir ces animaux, et les nourrir substantiellement, en raison des pénibles travaux auxquels ils sont assujettis. Comme l'alimentation des hommes, la nourriture des bêtes de somme est demandée à l'étranger ; car nous ne produisons et nous sommes condamnés à ne produire que du sucre. Nous tirons donc de l'Inde le gram, qui est payé communément au prix de 32 francs les cent kilogrammes.

Si l'on compare les frais dont nous venons de parler à ceux que supporte l'industrie indigène pour ses transports , dont la plupart se font par les chemins de fer; si l'on tient compte surtout des causes d'usure et de mortalité qui résultent de la nature de nos terrains, accidentés et montueux, on verra que, sous le rapport du charroi, notre industrie est placée dans des conditions d'infériorité notoire.

Quant aux charrettes, aux instruments de labour, en général, aux réparations et remplacements des machines, à la construction et à l'entretien des maisons, des logements d'engagés , etc., ce sont encore des dépenses considérables, .

par suite de l'excessive cherté de la main-d'œuvre
et des matériaux.

On sait combien est élevé le salaire de nos ouvriers. En ce qui concerne les matériaux, un
exemple suffira à faire apprécier l'effrayante différence de prix qui existe pour cet article entre
la France et la Colonie : le kilogramme de cui-
vre, qui coûte là-bas 3 francs, revient ici à 8
francs, ouvré et monté. Tout le reste est dans
cette proportion.

Au reste, nous n'avons pas la prétention, dans
cette étude, de fixer les données positives de la
question. Ces données sont elles-mêmes essentiellement variables et soumises à l'influence d'une
foule de considérations particulières. Ce que nous
avons voulu surtout, c'est dessiner la situation
spéciale résultant, pour notre industrie, de son
éloignement et des conditions exceptionnelles au
milieu desquelles elle fonctionne. D'autres pose-
ront des chiffres là où nous n'avons fait qu'indi-
quer d'une manière générale les raisons de notre
faiblesse.

Nous arrivons à la troisième et dernière partie
de notre travail : à l'exploitation. Sur ce point,
comme sur les précédents, nous espérons n'avoir
pas de peine à démontrer notre infériorité vis-
à-vis de l'industrie indigène.

TROISIÈME PARTIE

L'Exploitation

XV

Rendement comparatif de la canne et de la betterave.

Le vice radical des procédés d'exploitation auxquels est fatalement soumise l'industrie coloniale ne contribue pas peu à aggraver la situation désavantageuse de cette dernière et à accroître, dans une notable proportion, la somme des charges qui écrasent sa production.

De tout temps l'industrie indigène a fait adroitement valoir la différence de rendement qui existe entre la betterave et la canne.

La première, en effet, donne 6 % de sucre, tandis que la seconde, riche en jus saccharin, atteint un rendement d'environ 18 % !

De prime abord l'infériorité de l'industrie betteravière est frappante, et celle-ci ne s'est pas fait
faute de l'exploiter à son avantage. C'est sur ce
point capital qu'il importait cependant d'appeler
toute l'attention des législateurs, et il ne semble
guère qu'ils se soient beaucoup préoccupés de se
rendre un compte exact de la différence réelle résultant de l'inégalité constatée.

Cette différence est plus apparente que vraie,
si l'on songe que la canne à sucre met deux ans
à pousser et que la betterave est récoltée tous
les ans. Ainsi l'industrie betteravière fait deux
fabrications dans le même temps que nous n'en
faisons qu'une, de telle sorte que le véritable
rapport entre la betterave et la canne s'établit de
12 à 18.

Mais il est à considérer que le rendement de
18 % attribué à la canne n'est que théorique,
tandis que, dans la pratique, malgré les perfec-
tionnements introduits dans les appareils de fabrication, on n'arrive guère qu'à un maximum de
15 %.

En réalité, on pourrait presque affirmer que,
toutes compensations faites, l'équilibre existe.
Cependant, pour rester au-dessus de la vérité,
admettons une différence annuelle de rendement
de 2 % en notre faveur. Sur un produit de
750,000 kil. nous obtiendrons un boni de 15,000

kil., qui représentera, bon an mal an, une valeur d'environ 7,000 francs.

Est-il possible qu'un profit aussi minime compense les nombreux désavantages que nous avons déjà énumérés et ceux que nous avons encore à exposer ?

Personne ne le croira.

XVI

Situation respective des deux industries sur les marchés de consommation.

Un des plus sérieux inconvénients pour l'industrie coloniale, et plus particulièrement pour celle de la Réunion, provient de son éloignement. Non seulement elle ne peut exercer aucune influence sur les marchés de consommation, mais encore elle subit fatalement le contre-coup des fluctuations de l'industrie régnicole, seule régulatrice des cours de la denrée.

En France, chaque fois que, pour une cause ou pour une autre, une industrie est atteinte dans sa production, on voit de suite le prix de ses produits s'élever dans une proportion capable de compenser, quelquefois au-delà, le dommage causé.

Lorsque l'oïdium frappa la vigne et réduisit la production des vins français des trois quarts, on put constater ce phénomène commercial ; il arriva que non seulement les propriétaires vinicoles ne se trouvèrent pas ruinés par la maladie, mais que beaucoup s'enrichirent à la faveur des prix exagérés auxquels se payèrent leurs récoltes diminuées. A l'heure qu'il est, la plupart regrettent ce temps des promptes réalisations et des rapides fortunes.

La même chose a lieu pour le blé, quand quelque événement imprévu vient réduire les récoltes. Les céréales renchérissent alors sous l'influence de la crainte et des besoins, et des prix extraordinaires dédommagent l'agriculture des pertes qu'elle a subies.

Aujourd'hui que la betterave a pris en France des proportions telles qu'elle satisfait à plus de la moitié de la consommation de l'Empire, il est évident qu'elle doit jouir de l'avantage dont nous venons de parler. Aussi les spéculateurs suivent-ils avec attention toutes les circonstances de la température pour en tirer, suivant qu'elles sont favorables ou contraires à la plante, des inductions de baisse ou de hausse.

On a donc raison de dire que le cours des sucres se raisonne sur le baromètre.

XVII

Les colonies ne font pas, elles subissent les cours.

Combien est différent le sort des colonies ! N'exerçant aucune influence sur les lieux où se réalisent leurs denrées, elles ne font pas, elles subissent les cours. Elles dépendent uniquement du mouvement de la betterave, de telle façon qu'elles assistent souvent à l'étrange spectacle de la baisse des sucres coïncidant avec une réduction considérable dans leurs récoltes !

L'exemple de ces dernières années n'atteste-t-il pas cette déplorable conséquence de la subordination à laquelle nous condamne notre éloignement ?

XVIII

Pertes résultant de l'anomalie ci-dessus.

Que de pertes ne découlent pas pour l'industrie coloniale d'un état de choses aussi illogique, quand à la diminution du produit il faut ajouter l'abaissement du prix de la denrée !

A la Réunion, les récoltes de 1863 à 1864, et de 1864 à 1865 ont donné ensemble environ 75 millions de kilogrammes, tandis qu'en temps ordi-

naire elles auraient dû en produire 130 millions.
De là une première différence de 55 millions de
kilogrammes, qui, au prix moyen de 50 fr. les 50
kilogrammes, porte le déficit des deux récoltes au
chiffre de *27 millions et demi de francs !*

On aurait pu espérer que cette énorme perte
aurait été compensée, en partie du moins, suivant
la loi qui élève le prix du produit quand celui-ci se
trouve réduit. Au lieu de cela , par un inexorable enchaînement de circonstances funestes, à mesure que les fléaux détruisaient nos récoltes, nous
avons vu les cours fléchir et une réduction d'environ 8 francs par 100 kilogrammes sur le prix de
notre denrée aggraver nos pertes déjà si considérables.

Tel est, effectivement, le chiffre qui représente
l'abaissement moyen du prix des sucres depuis
deux ans. Si nous calculons bien, c'est donc une
nouvelle perte de 4 millions et demi de francs qui
a affligé notre industrie, ce qui élève à 32 millons
de francs, en une seule couple d'années, l'amoindrissement du capital agricole de la Colonie.

Et là ne s'arrête pas encore le chiffre réel de
l'impôt payé au malheur par le Pays. Si nous gé-
néralisons la démonstration , nous pouvons har-
diment avancer que le capital colonial s'est amoin-
dri de 36 millions de francs , car les 55 millions
de kilog. de sucre que nous a enlevés la maladie

de la canne auraient représenté, indépendamment du prix de vente, environ 4 millions de francs en emballages, dépenses de dépôt et d'embarquement, droits, commissions, etc.

Certainement quelques dédommagements accidentels nous sont réservés par les événements. Notre bonheur, par une triste et rigoureuse logique, dépend du malheur de nos rivaux. Ainsi, qu'à son tour la betterave succombe à l'atteinte d'un mal mystérieux comme celui qui attaque le roseau saccharifère, et qu'à ce moment notre sol ait recouvré sa fécondité habituelle; n'est-il pas certain alors que, le sucre devenant rare en France, nos produits seraient recherchés, que le prix s'en élèverait, et que nous retirerions de ces circonstances un profit d'autant plus grand que nous aurions une quantité plus considérable de denrées à offrir aux consommateurs affamés ?

Mais ce ne sont là que des avantages passagers.

A la place de ce bonheur éphémère que ternissent tant de mécomptes cruels et persistants, ne vaudrait-il pas mieux la stabilité de l'industrie régnicole, qui, quoi qu'il arrive, maintient ses recettes à un niveau presque uniforme?

Les époques de prospérité coloniale n'ont pas manqué de retours lamentables, et l'excès de l'adversité a presque toujours suivi chez nous l'excès de la fortune. C'est la conséquence des entraînements du succès, qu'au sein du présent riche et heureux on escompte trop témérairement le bien de l'avenir. Ébloui, on se laisse emporter par le désir de faire mieux ; on oublie dans de généreuses folies que les temps marchent, entraînant dans leur cours les déceptions et les catastrophes.

Hélas! de toutes les richesses que la fortune capricieuse nous prodigue, il ne reste presque jamais rien ; mais l'adversité jonche nos rivages de ruines que l'effort de plusieurs années suffit à peine à déblayer.

Envions donc le sort de l'industrie indigène qui n'a pas, comme nous, à passer par ces alternatives de succès et de revers qui frappent d'instabilité la prospérité et la richesse coloniales. Dans la sphère paisible où elle travaille, elle redoute à peine les crises qui ébranlent nos positions les plus solidement assises, et qui font succéder aux années les plus prospères la plus terrible détresse.

XIX

Défaut de fixité du fret.

Nous ne sommes pas seulement soumis aux oscillations capricieuses des marchés métropolitains, sur lesquels notre action est nulle. Avant d'arri-

ver aux lieux où elle se vend et où elle se consomme, notre denrée doit passer par les mains
d'un auxiliaire dont les services coûtent plus ou
moins cher, suivant certaines circonstances qu'il
n'est pas en notre pouvoir de diriger ou de conjurer.

Cet auxiliaire, c'est le navire, qui sert au transport de nos sucres, condamnés à traverser l'immen-
sité des mers pour aller s'offrir aux consommateurs.

Le nombre des bâtiments qui viennent nous vi-
siter chaque année n'est jamais régulier. Il dépend d'une foule d'événements qu'aucune sagesse
humaine ne saurait prévoir : tour à tour les nécessités de la guerre et les avantages de la paix
les détournent vers d'autres contrées.

Nous ne parlons ici que de la marine nationale.
Quant à la marine étrangère, qui pourrait assurer en tout temps nos transports maritimes, elle
fuit forcément nos rivages, où ne règne pas encore
l'égalité des pavillons.

Le taux même du fret ne dépend pas toujours
de l'abondance ou de la pénurie des navires : souvent nous le voyons s'élever alors que de nombreux bâtiments sollicitent de l'emploi , et , au
contraire, parfois il s'avilit, tandis que nos rades
sont presque désertes.

Toutefois l'hypothèse sur laquelle nous pouvons

raisonner avec le plus de vérité est celle qui fait dépendre le prix du transport par mer du plus ou moins de navires disponibles sur les mouillages de la Colonie.

Ceux-ci sont-ils abondants, le fret diminue, et la différence se reporte *en augmentation* sur le prix qu'obtient la denrée, soit que le producteur, l'expédiant pour son propre compte, jouisse directement de la baisse, soit qu'il vende son sucre à un spéculateur qui, raisonnant sur un prix de revient en France, fait entrer en ligne de compte le coût réduit du transport.

Au contraire, les navires sont-ils rares, le fret s'élève, et l'écart se reporte *en diminution* sur le prix définitif de la denrée.

Dans une période de vingt années, le prix des transports maritimes de notre colonie en France a varié, du plus au moins, dans une limite de 150 à 30 francs, ce qui donne un écart de 120 francs et une moyenne approximative de 90 francs du tonneau.

En prenant ce dernier terme pour base de nos calculs, il y a, pour le producteur, un profit de 3 francs par 50 kilogrammes quand le fret arrive à sa plus basse limite, et une perte d'autant, lorsqu'il atteint son maximum.

Enfin, il peut y avoir, sur ce seul article, des déviations qui, d'une année à l'autre, sont suscep-

tibles de donner une différence de 120 francs du
tonneau, ou de 6 francs par 50 kilogrammes sur la
valeur de la denrée, soit à peu près le quart du
prix normal de cette dernière.

XX

Difficulté des remboursements.

Parallèlement à la nécessité de recourir à un
transport onéreux, il y a, pour l'expéditeur de
sucres, l'obligation de subir un mode de remboursement qui, presque toujours, est défavorable à
ses intérêts.

On comprend que si, pour rentrer dans la valeur d'un produit dont le convertissement en espèces ne peut s'opérer que dans un délai de quatre mois et souvent plus, il fallait attendre l'expiration de ce terme, les opérations commerciales souffriraient de ces réalisations à longs termes
et s'en trouveraient souvent paralysées. Tout au
moins, le mouvement de rotation qui rend les af-
faires d'autant plus profitables qu'il est plus ac-
céléré, serait considérablement ralenti et, par-
tant, les chances de succès de la spéculation seraient diminuées dans la même proportion.

Le crédit obvie à l'inconvénient de ces lenteurs
préjudiciables, et le remboursement s'opère, au

moment même de l'expédition des sucres , par le
moyen de traites tirées sur le destinataire de la
marchandise.

Jusque là le procédé de remboursement semble
favorable à l'expéditeur, recouvrant ainsi, sans
perte de temps , la contre-valeur de sa marchandise en capitaux qu'il peut employer immédiate-
ment à de nouvelles opérations.

Mais ces traites elles-mêmes constituent une
nouvelle espèce de marchandise, dont le cours
varie suivant l'offre et la demande.

Qu'elles soient rares, et le change auquel elles
se placent non seulement fait rentrer l'expéditeur
dans la valeur de la denrée expédiée, mais encore
lui assure une plus-value ou prime plus ou moins
élevée.

Le contraire a lieu quand le papier du commerce
est abondant. Les traites alors subissent un
agio qui diminue dans une proportion plus ou
moins forte la valeur de la denrée.

Ce dernier cas est malheureusement le plus
fréquent. On peut même dire que c'est le cas ha-
bituel. En effet , c'est naturellement au moment
où les sucres regorgent sur place et où les expé-
ditions deviennent actives que les traites sont le
plus offertes et que leur négociation ne peut guère
s'opérer qu'avec une perte, qui se reporte, comm

la hausse du fret, en diminution sur le prix de la denrée.

Dans la même période de vingt ans sur laquelle nous avons basé nos calculs pour le fret, les variations du change ou du cours des traites aux époques d'exploitation ont été du pair à 10 % d'agio. La moyenne serait donc de 5 %, si les mouvements avaient été réguliers; mais on peut, sans trop se hasarder, estimer largement cette moyenne à 3 %. A ce taux, il résulterait, comme conséquence du change, une perte de 75 centimes à un franc par 50 kilog. de sucre.

Mais on pourrait objecter qu'à certaines époques le papier du commerce se négocie avec prime. Malheureusement ce n'est là qu'une exception, et il est bon de remarquer que les traites qui obtiennent cette prime se placent dans l'entrecoupe, sans provision matérielle; elles sont tirées sur des crédits ouverts et constituent de pures opérations de banque, dans lesquelles l'industrie sucrière n'a aucun intérêt, du moins aucun intérêt direct. On ne saurait donc, d'une façon générale, faire figurer le bénéfice de la spéculation dont il s'agit dans la balance des opérations ordinaires auxquelles le sucre sert de base.

XXI

Facilité de réalisation pour la sucrerie indigène.

Nous avons vu comment notre système de remboursement est désavantageux. Combien l'industrie indigène est-elle plus favorisée que nous sous ce rapport! Ses établissements sont à la porte même des entrepôts où s'alimentent la raffinerie et la consommation; des chemins de fer en assurent, en tout temps et en toutes circonstances, le transport à des prix modérés et invariables. Quant à la valeur de la denrée, elle se recouvre sans délai, soit par la vente immédiate, soit par la négociation d'un bon de dépôt, et dans les deux cas avec des frais insignifiants.

XXII

Autres causes d'infériorité pour la sucrerie indigène.

Mais ce n'est pas tout que nous soyons dans une situation notoirement défavorable sous le double rapport du transport des produits et de leur conversion en espèces. À ces causes déjà considérables d'infériorité s'en joignent d'autres moindres, qui toutes proviennent de la distance à laquelle nous nous trouvons des marchés de consommation, et qui concourent ensemble à réduire, dans une forte proportion, les profits de notre industrie.

Mentionnons, parmi les charges diverses qui frappent le plus directement notre denrée, les primes d'assurances que nous avons à payer; les avaries que, malgré ces primes, nous subissons toujours dans une certaine mesure, l'assureur ne remboursant que l'excédant d'une franchise de tant pour cent; les déchets de poids; enfin les abaissements de nuances, résultat inévitable du séjour prolongé des sucres dans une cale de navire presque totalement privée d'air.

Qui supporte toutes ces réductions? Évidemment c'est l'industrie, soit qu'elle expédie pour son propre compte, soit que la spéculation, en achetant d'elle et en se substituant à ses lieu et place, fasse figurer dans ses calculs, comme éléments du prix d'achat, les causes nombreuses de pertes que nous venons d'énumérer.

Cependant, les produits indigènes n'ont pas à subir les mêmes inconvénients. Ils sont tout rendus sur les lieux de consommation, et ne supportent guère, par conséquent, les frais multiples imposés à la denrée coloniale par son éloignement.

XXIII

Evaluation de la différence de prix
entre les deux produits.

Tout calcul fait, nous ne craignons pas d'être
taxé d'exagération, en estimant que les frais et
pertes subis par notre denrée, avant d'arriver à la
réalisation, s'élèvent à une somme d'environ 52
francs par 50 kilogrammes.

Or, si nous supposons que la bonne 1ʳᵉ coûte or-
dinairement 52 francs les 50 kilogr., nous trouvons que le net produit de ces 50 kilogr. n'est
guère que de 20 francs.

De son côté, au contraire, le même poids de
sucre indigène représente un produit de 51 francs,
droits payés, sauf seulement les frais réduits de
transport et de vente à défalquer. En admettant
ces derniers frais à 3 francs pour 50 kilogr., le
produit net serait encore de 28 francs, c'est-à-
dire que le sucre indigène obtiendrait normale-
ment 8 francs de plus que le nôtre.

Cependant à cette énorme différence les colonies ne peuvent opposer qu'une insignifiante détaxe de 2 f. 50 !

Comment ne pas conclure, après cela, que les
conditions de la lutte sont bien inégales, et que

les colonies doivent fatalement succomber sous le
poids d'une infériorité dont aucune légitime compensation ne diminue ni n'atténue les déplorables
conséquences.

XXIV

Etendue limitée de l'exploitation coloniale.

La première condition de succès pour toute
exploitation industrielle, c'est de fonctionner sur
une grande échelle. C'est dans son extension même qu'elle puise, alors, sa force et sa stabilité.
Car, tandis qu'elle s'agrandit, la somme de ses
produits augmente, sans que ses frais soient sen-
siblement accrus.

L'histoire de l'industrie betteravière atteste cette vérité. Sortie faible et craintive des secousses qui
ébranlèrent le commencement de ce siècle, elle ne
débuta que par des revers dans la carrière où elle
devait plus tard briller d'un éclat si radieux.
Ces premières déceptions furent la conséquence
des usines modestes avec lesquelles l'industrie régnicole entra dans la lice. La production de ces
établissements, limitée à 50 ou 75 mille kilogrammes, conduisit rapidement à la ruine et à la failli-
te les pionniers de cette incroyable innovation.

Mais, après des épreuves répétées, les betteraviers comprirent qu'au lieu de procéder par des essais timides, l'avenir était à eux s'ils voulaient se fier à leur audace et fonder sérieusement l'industrie nouvelle par un vaste déploiement de capitaux et de forces. Ils ne se contentèrent pas seulement de réaliser des progrès remarquables dans la culture et surtout dans la fabrication. Au progrès ils donnèrent pour auxiliaire un large développement industriel. C'est surtout à cette concentration de ses forces vives que l'industrie régnicole doit sa prospérité actuelle, et que, suivant le mot de M. Thiers, l'enfant est devenu homme et tellement viril, qu'au lieu de le protéger contre les autres, comme on l'a fait autrefois, c'est contre lui qu'il faut maintenant protéger les autres.

A la vérité, les colons ont compris de tout temps les nécessités de leur situation, et depuis quelques années plus particulièrement ils ont tenté, à leurs risques et périls, les plus louables efforts pour donner à leur exploitation ces larges proportions qui font ailleurs la puissance de l'industrie rivale.

Sans doute le succès eût couronné, pour la plupart, une courageuse initiative, si de brusques changements de tarifs ne venaient de temps à autre leur faire faire deux pas en arrière quand ils en font un en avant.

Aux Antilles, on a vu les usines centrales grouper autour d'elles plusieurs petites propriétés qui fonctionnaient séparément autrefois. Par ce système, ces colonies ont supprimé beaucoup d'établissements coûteux, et ont réalisé un profit réel, par l'abaissement des frais généraux de l'exploitation et par le perfectionnement de la fabrication, désormais distincte de la culture.

La transformation que les colonies de l'Ouest ont demandée à l'association, nous avons eu ici la généreuse témérité de l'entreprendre avec la seule assistance des efforts individuels. Sans doute des progrès considérables sont sortis de cette initiative puissante, qui, pour être isolée, n'en a pas moins eu le mérite de constituer sur notre sol de grandes et vivaces exploitations, capables, en des temps heureux, de faire la fortune du Pays. C'est ainsi qu'on a vu des propriétaires entreprenants poursuivre, avec une rare persévérance, l'agrandissement de leurs domaines, par l'acquisition successive des petites propriétés limitrophes, en même temps qu'ils accomplissaient dans leurs usines des progrès proportionnés à l'extension nouvelle de leurs entreprises. Mais tout cela ne s'est pas fait sans de grands sacrifices, qui pèsent encore lourdement sur les industriels. D'ailleurs, le développement de l'industrie locale n'a pas seulement pour limite la

limite même d'action des colons livrés à leurs forces individuelles. Il est aussi borné par la nature
et par la configuration de notre sol, où de nombreux accidents de terrain opposent une barriè-
re souvent insurmontable à l'extension de la
propriété territoriale et de l'exploitation qui s'y
rattache. Les montagnes, les rivières, la constitution même quelque peu féodale de la propriété
coloniale sont autant de circonstances qui concourent à enfermer cette dernière dans des proportions qu'elle ne peut jamais dépasser.

XXV

Insuffisance des institutions de crédit.

On a beaucoup discouru, ces temps derniers,
sur le crédit. Les uns en ont vanté les bienfaits,
les autres en ont signalé les dangers. Beaucoup
ont conclu à ce que ce sont ses abus qui ont déterminé la crise actuelle. Cependant tous les esprits sensés se sont récriés contre le resserrement
du crédit et ont proclamé, non sans raison, que
lui seul pourrait, par une sage et opportune application de ses ressources, sauver la situation.

Certainement on ne saurait nier que les institutions de crédit n'existent en quantité suffisante

dans notre petit pays. Mais si ces utiles établissements paraissent, par leur nombre, être en mesure de subvenir aux vastes besoins de la Colonie,
dans la pratique, des statuts rigoureux ou des
manières de voir particulières n'ont que trop souvent pour effet d'en amoindrir les services.

Ainsi la Banque coloniale seule prête aux habitants sur récoltes pendantes. Mais chacun sait
que le montant du prêt ne peut pas s'élever à
plus du tiers de la valeur estimée des récoltes,
et qu'au surplus cet établissement ne commence
ses paiements qu'en mars, c'est-à-dire trois mois
seulement avant l'ouverture de la campagne. Le secours n'est donc pas seulement d'une exiguité re-
grettable, il arrive trop tard.

Aussi, tandis qu'en France le crédit s'offre à
l'industriel et au cultivateur sous toutes les for-
mes possibles, que le crédit agricole leur assure ses
bienfaits dans une large mesure, et aux conditions les plus modérées, nos industriels sucriers,
au contraire, à la merci du crédit soit public,
soit privé, sont condamnés à perpétuité aux gros
intérêts, qui dévorent la plus grande partie de leurs
profits, quand ils en font, et qui les amènent in-
failliblement à la ruine, quand les récoltes viennent à manquer.

Nous pourrions poursuivre à l'infini l'exposi-
tion des innombrables causes d'infériorité dont

l'industrie coloniale a le droit de se plaindre. A toutes celles qui précèdent et qui sont les réalités du présent, nous pourrions ajouter l'éventualité d'une guerre qui, mettant la France aux prises avec une grande puissance maritime, nous fermerait tout débouché, tandis qu'elle serait l'événement le plus profitable à l'industrie régnicole, désormais maîtresse sans rivale du monopole de la consommation métropolitaine. Mais nous en avons assez dit pour éveiller l'attention des économistes, des écrivains spéciaux et du Gouvernement métropolitain lui-même sur la situation défavorable des colonies. Arrivons à la conclusion.

CONCLUSION

La conclusion de cette étude ressortira mieux encore aux yeux du lecteur, si nous résumons dans un rapide aperçu les causes d'infériorité pour les colonies que nous venons d'énumérer.

Nous avons voulu prouver que, sous le triple rapport du *capital*, du *personnel* et du *matériel*, et de l'*exploitation*, l'industrie coloniale se trouve placée, vis-à-vis l'industrie indigène, dans des conditions d'inégalité telles que toute lutte devient impossible, du moins pendant longtemps, entre les deux exploitations rivales.

1° Sous le rapport du capital, nous avons montré que le système de monoculture auquel les colonies sont enchaînées par leur situation, par la nature de leur sol et de leur climat, est une source permanente de lourds devoirs et de périlleuses obligations pour ces lointains pays, livrés à leurs solitaires efforts et exposés à toutes les éventua-

lités que la Providence et les hasards de la politique tiennent suspendues sur leurs têtes.

Le mode vicieux de constitution du capital industriel ; l'isolement de l'habitant, assumant entre ses seules mains la responsabilité d'une vaste
opération ; l'inévitable nécessité qui condamne ce
dernier à être sans cesse sous le coup d'une dette
que des événements heureux peuvent à peine
éteindre ; le défaut d'esprit d'association qui fait
que l'initiative individuelle s'épuise souvent sans
profit, là où il n'aurait fallu que le concours de
plusieurs forces actives pour assurer le succès
d'une gigantesque entreprise ; l'insuffisance ou
plutôt la timidité des institutions de crédit, ava-
res de leurs ressources ou ne vendant leurs services qu'à grand prix : telles sont, en quelques
mots, les autres causes d'infériorité qui, au point
de vue du capital, compromettent la sécurité de
l'industrie coloniale.

2° L'organisation défectueuse du travail et les
conditions onéreuses de l'installation et de l'entretien des usines contribuent, dans une égale
mesure, à l'affaiblissement de l'exploitation sucrière aux colonies.

De même que le capital européen, formé et
garanti par l'association, est supérieur à nos
capitaux isolés et fonctionnant dans une sphère
d'incertitude et de malaise, de même aussi le

travail libre, qui concourt si activement en
France à la prospérité de l'industrie, est incontestablement plus avantageux que notre système d'engagements, imposant à l'habitant le
souci et la charge d'une immense famille, dans
laquelle les non-valeurs ne représentent pas
moins d'un tiers de l'effectif numérique des mem-
bres.

L'uniformité des salaires, qui a pour conséquence de réduire au *minimum* les efforts du travailleur ; l'obligation d'entretenir, au prix d'é-
normes sacrifices, les femmes et les enfants des
engagés, à qui une loi plus que tutélaire oblige
d'assurer les douceurs de la vie conjugale ; la nécessité de nourrir cette vaste agglomération d'in-
dividus, quelles que soient la dureté des temps
et la cherté des denrées ; l'insuffisance même des
laboureurs, dont la suppression de l'immigration
africaine a tari la source d'extraction : voilà autant de causes d'infériorité qui s'ajoutent à l'instabilité du capital industriel, pour maintenir
l'exploitation coloniale dans une situation forcément pleine d'embarras et de périls.

Quant au matériel, est-il besoin de rappeler
que, par suite des dépenses du transport, du
montage et de l'entretien, il revient toujours
pour les colonies au double de ce qu'il coûte en
Europe ?

3° L'éloignement des colonies constitue pour ces pays l'une des raisons les plus sérieuses de leur infériorité à l'égard de l'industrie indigène.

Point de compensation à espérer en leur faveur, quand les récoltes diminuent ; les colonies ne font pas, elles subissent les cours, dont le sucre de betterave est l'unique et suprême régulateur. Aussi, en ces deux dernières années seulement, l'île de la Réunion, sous la double influence de la maladie de la canne et de la baisse permanente de sa principale denrée, accuse-t-elle un amoindrissement de 36 millions de son capital agricole!

Diverses autres charges, telles que le transport maritime, la difficulté du remboursement, les assurances, les commissions, les déchets, les abaissements de nuances, etc., aggravent encore la difficile position du produit colonial.

D'un autre côté, le mode de constitution de la propriété aux colonies, laquelle est forcément limitée dans son extension, et surtout l'absence du véritable crédit agricole ne sont pas les moindres causes de faiblesse de notre industrie.

Enfin, tout calcul fait, nous avons pu estimer, comme conséquence rigoureuse des nombreuses causes d'infériorité rappelées dans cette étude, que, rendue sur les lieux de consommation, notre denrée coûte, par 100 kilogrammes, 8 francs au moins de plus que le sucre indigène.

Certes, voilà une position fâcheuse , déplorable pour l'industrie coloniale, et il faudrait logi-
quement en déduire que la seule issue pour les colonies serait de fermer leurs usines et de renoncer
à fabriquer du sucre, si nous n'avions pas la ferme
espérance que le Gouvernement métropolitain a
le pouvoir et la volonté de faire disparaître les
inégalités qui menacent de plus en plus l'existence de l'empire colonial de la France, de cet
empire dont la conservation et la prospérité inté-
ressent à un si haut point l'honneur, la dignité et
la puissance maritime de la mère-patrie.

Adressons-nous donc avec confiance à la Métropole, qui tient nos destinées entre ses mains,
et demandons-lui, comme le plus sûr et le plus
actif moyen de salut, le bénéfice d'une détaxe qui
rétablisse, entre notre industrie et l'industrie indigène, l'équilibre solennellement promis à l'origine de la lutte, et qu'à notre plus grand préjudice aucun législateur n'a voulu réaliser.

En l'état de détresse où nous nous trouvons,
une détaxe de 10 francs par 100 kilogrammes semble à peine suffisante pour nous remettre des
maux que nous souffrons et des pertes que nous
avons éprouvées. Une telle faveur, au surplus ,
ne serait que l'équitable compensation des charges qui nous incombent et qui élèvent, dans une

si formidable proportion, le prix de revient de nos produits.

Dira-t-on à ce propos, comme on l'a répété tant de fois, que toute détaxe concédée aux colonies est une perte pour le Trésor, dont les grands intérêts ne peuvent être sacrifiés à la cause mesquine et lointaine de possessions qui sont un fardeau plutôt qu'une source de profit pour la France ?

Confessons que ce serait opposer une vaine et puérile raison à la plus juste des réclamations.

Non, la détaxe que nous demandons n'est pas, ne saurait être un impôt pour le Trésor. Elle est tout simplement la restitution honnête et loyale de l'excédant de taxes que la Métropole perçoit depuis si longtemps sur notre denrée, au mépris de la justice et de la protection à laquelle nous avons droit de sa part.

La France ne doit-elle pas cet acte de justice aux colonies qui, au lieu d'être une charge pour elle, versent tous les ans des millions dans ses coffres ?

Quant à l'industrie régnicole, pourrait-elle se plaindre d'une concession aussi rationnelle ? Toute-puissante sur les marchés métropolitains, qu'elle suffit presque seule à approvisionner, et dont elle dirige les cours à son gré, qu'a-t-elle à redouter de la concurrence des colonies ?

Avec la détaxe, réclamons encore la liberté
commerciale, non pas cette liberté dénaturée et
effacée par les réticences et par les entraves, mais
la vraie liberté, qui est fondée sur l'exacte mutualité des droits et des devoirs.

Pour que les colonies se sauvent, il faut qu'elles puissent désormais épancher vers l'étranger
l'exubérance de leurs forces productives, et
qu'à mesure que la mère-patrie fermera ses marchés à leurs produits, elles voient s'ouvrir à l'horizon de nouveaux débouchés, vers lesquels elles
détourneront le courant de leur commerce.

Pour cela, elles veulent l'égalité des pavillons.

Dans les relations qu'elles s'attacheront toujours, par habitude autant que par sympathie,
à entretenir avec la mère-patrie, les colonies revendiquent surtout et plus que jamais l'égalité,
qui n'est pas l'ennemie, qui est la sœur de la liberté.

Elles veulent que leurs produits arrivent sur
les marchés français aux mêmes conditions que
les produits indigènes. Ce n'est pas une simple
protection qu'elles revendiquent: c'est leur assi-
milation aux régnicoles, par le nivellement des
charges et des revenus.

La France peut-elle raisonnablement refuser le
bienfait de cette égalisation à des possessions qui

rendent des services signalés à son commerce et à sa marine, et qui se recommandent à ses sympathies par une fidélité séculaire, par une héroïque constance dans l'adversité et par une patience admirable à attendre l'heure des légitimes réparations?

En résumé:

Détaxe, liberté commerciale, rétablissement de l'immigration africaine, extension du crédit agricole: telle est la formule des remèdes que réclame l'état maladif des colonies.

L'ILE DE LA RÉUNION

DEVANT

LA DERNIÈRE LOI SUR LES SUCRES

Nous croyons opportun de joindre à l'étude
qui précède un autre travail que nous avons
publié au mois d'août dernier dans le *Moniteur
de la Réunion*.

Cet écrit résume en peu de mots et avec des
chiffres la situation particulière faite à la Colonie par la dernière loi sur les sucres.

Nous n'avons pas vu sans une vive satisfaction notre Chambre de Commerce accorder son
adhésion à cette étude modeste, mais utile, qui
éclaire la situation d'un jour nouveau.

L'ILE DE LA RÉUNION

DEVANT LA DERNIÈRE LOI SUR LES SUCRES

I

Depuis le jour où les colonies ont enchaîné leur fortune à la destinée du fragile roseau saccharifère, la barque coloniale erre à l'aventure, dans le méandre d'une législation parsemée d'écueils, où il semble qu'elle n'échappe à Scylla que pour tomber dans Carybde.

Rien ne représente mieux la périlleuse instabilité de cette législation que l'inconstance des flots de la mer, s'apaisant ou se soulevant au caprice des vents. Aujourd'hui le temps est sûr, la brise est bonne, la marée favorable : le bâtiment s'élance joyeux et rempli de confiance. Demain le ciel se couvre d'un sombre nuage, l'ouragan se déchaîne : malheur aux nautoniers que la tempête a surpris !

Que de désastres ces brusques révolutions législatives n'ont-elles pas infligés aux colonies ! A l'heure même où nous parlons, quel lamentable naufrage a semé de ruines et d'épaves les plages de ces lointains pays !

La dernière loi sur les sucres n'a pu rompre avec l'esprit traditionnel qui avait inspiré presque toutes ses devancières. En vain des fléaux mystérieux, en vain les douloureux tiraillements d'une situation économique voisine de la détresse, semblaient-ils devoir appeler la généreuse sollicitude de la mère-patrie sur tant de misères, sur tant de grandes épreuves noblement supportées. Au lieu de l'appui, au lieu du secours qu'implorait notre infortune, une loi funeste à nos intérêts est venue paralyser les suprêmes efforts de notre patriotisme et remplir jusqu'au bord notre coupe d'amertume.

Sans doute de pareilles déviations seraient de nature à décourager leur patience proverbiale, si les colonies n'avaient pas encore espoir dans l'équité du Gouvernement impérial.

Hélas ! les possessions françaises se nourrissent jusqu'à présent de l'illusion que l'éloignement seul est la cause de leur éternel sacrifice, et que si les abîmes de l'océan ne roulaient pas entre elles et la mère-patrie, bonne et prompte justice leur serait rendue.

Tout ne parle-t-il pas, en effet, de leur détresse ? Chaque jour, une triste expérience ne ra-
conte-t-elle pas cette longue suite de malheurs
semés sur leur route par la fatalité des événements et par l'imprévoyance des hommes ?

Comment la France resterait-elle à jamais
sourde aux accents désolés de ses filles de l'océan,
quand celles-ci invoquent le droit et la justice,
plus encore que la générosité ou une stérile pitié ?

Non, nous voulons croire à l'équité de la na-
tion qui représente dans le monde les idées les
plus nobles et les plus chevaleresques ; et c'est
parce que nous gardons cette confiance comme une
sorte de piété filiale, que nous ne cesserons d'affirmer notre droit et de demander le redresse-
ment des erreurs dont les colonies sont les perpé-
tuelles victimes.

La loi du 18 avril 1864 est vieille aujourd'hui
de plus d'une année. Peut-être la somme du mal
qu'elle a produit est-elle déjà considérable. Peut-
être est-il bien tard pour dévoiler les ruines qu'elle a amoncelées. Qu'importe ? si en découvrant
les blessures qu'elle a faites nous réussissons à
appeler enfin l'intervention du médecin ; si, en
évoquant la cruelle expérience du passé, et en
révélant les dangers du présent, nous pouvons
sauvegarder l'intérêt sacré de l'avenir ?

Étudions donc de bonne foi, avec l'attention

qu'elle mérite, la dernière loi sur les sucres et la situation particulière qu'elle a faite à la Réunion. Armons-nous surtout de chiffres pour prouver qu'elle nous est funeste au plus haut point. Dans de telles discussions, l'arithmétique a une puissance de logique à laquelle doit toujours rester la dernière victoire.

II

Dans cette étude, nous avons pour but d'établir non seulement que la dernière législation sucrière a été, d'une manière absolue, fatale à la fois au progrès de l'industrie et au développement de la production, mais encore et surtout que, relativement aux possessions rivales, elle a créé à l'île de la Réunion une position inférieure et désastreuse.

Les Antilles, victimes elles-mêmes du contre-sens de la loi, ont été plus épargnées que notre Colonie. L'industrie indigène et l'industrie étrangère ont recueilli tous les bienfaits des nouvelles dispositions, qui semblent avoir été plus faites pour nos ennemis que pour nous.

Exposons les pièces du procès. La lumière jaillira d'elle-même du rapprochement de la législation précédente et de celle d'aujourd'hui.

La loi du 19 mai 1860 avait inauguré un immense progrès. Elle avait consacré le libéralisme en matière de loi sur les sucres, et les colonies avaient fondé de telles espérances sur les principes nouveaux auxquels l'Empereur lui-même avait donné la sanction de son auguste signature, qu'elles se lancèrent dans de grandes dépenses pour répondre aux besoins de transformations et de progrès que nécessitait une aussi brusque réforme. — Sacrifices inutiles que les colonies devaient expier si cher quelques années après! Vains holocaustes à la patrie et au progrès!

Quoi qu'il en soit, la loi de 1860 avait admis un droit-type de 25 francs pour cent kilog. , avec détaxe coloniale de 3 francs pour tous les sucres des colonies françaises, et une détaxe de distance de 3 francs pour les sucres des colonies françaises situées au-delà du Cap de Bonne-Espérance. Elle avait établi, en outre, une surtaxe de 3 francs pour les sucres étrangers, sans avoir égard aux distances, — le tout par 100 kilog. , et augmenté de 2 décimes, transport par navires français.

On le voit, par cette loi, les possessions françaises, et particulièrement la Réunion, avaient obtenu les concessions que légitimaient soit leur situation économique, soit leur éloignement des marchés de consommation de la Métropole, soit

enfin leur position vis-à-vis de la concurrence
étrangère.

Voici maintenant quelles malencontreuses innovations la loi du 18 avril 1864, mise en vigueur le 15 juin suivant, substitua aux sages
dispositions de cette loi éminemment protectrice.

Elle établit pour les sucres de toute origine,
français et étrangers, un droit de 42 francs pour
les nuances inférieures au type n° 13, de 44
francs pour les nuances entre le n° 13 et le n° 20,
et de 45 francs pour les poudres blanches assimilées aux raffinés, le tout par 100 kilogr., décimes compris, transport par navires français,
toutefois avec détaxe coloniale de 5 francs en
faveur des Antilles françaises et de la Réunion.

Telles sont, dans leur plus simple formule, les
deux législations qui, dans la courte période de
quatre ans, ont eu le mérite de présenter en
France l'étrange contraste de la vieille routine
fiscale succédant à une initiative exceptionnelle-
ment libérale.

Dans l'intervalle, c'est-à-dire presque au len-
demain de l'application de la loi de 1860, des
nécessités financières obligèrent de rétablir en
partie l'ancien impôt, et l'on vit celui-ci qui, de
45 francs, était descendu à 30 francs par 100
kilogr., remonter à 42 francs (décimes compris
pour ces deux derniers chiffres).

Mais la France était engagée dans l'interminable guerre du Mexique ; il fallait payer la gloire de nos armes , et les colonies étaient condamnées à contribuer pour une large part à la dette sacrée du patriotisme.

Heureure encore si l'on s'en fût tenu à cette législation transitoire !

La première loi était favorable au producteur et au consommateur; on avait même espéré qu'à la faveur de l'abaissement des droits , la consommation prendrait un tel essor que, dans un temps donné, les recettes du Trésor devraient présenter un excédant.

La deuxième loi , quoique entourée de plus d'exigences, laissait encore une certaine marge à l'extension de l'industrie sucrière.

La dernière législation, celle du 18 avril 1864, ferma complètement la porte aux espérances des colonies. Elle n'est pas seulement illibérale par ses exigences fiscales, qui écrasent la production tout en forçant la consommation à se restreindre. Elle est par-dessus tout anti-coloniale. En enlevant à la Réunion la détaxe de distance et en supprimant la surtaxe qui frappait les sucres étrangers, elle a placé la Colonie dans des conditions de concurrence impossibles à soutenir. En imposant le progrès industriel par la création des types, elle a paralysé l'essor de l'industrie et rendu inutiles tous les sacrifices que le Pays avait faits pour améliorer son outillage et sa fabrication , en vue de bénéficier des avantages qui avaient été solennellement promis et temporairement accordés en 1860.

III

Un parallèle entre les deux législations extrêmes, celle de 1860-62 et celle de 1864, montrera avec l'éclat de l'évidence quelle infériorité déplorable est résultée pour nous du régime actuellement en vigueur.

Le tableau suivant traduit la question en chiffres , c'est-à-dire dans un langage que tout le monde est admis à comprendre. Qu'on veuille bien remarquer seulement qu'en ce qui concerne la législation de 1864, nous n'avons raisonné que sur le premier type , celui qui , dans les dispositions de la loi du 18 avril, comprend les nuances inférieures au n° 13 , classification dans laquelle rentre la plus grande partie des produits indigènes , coloniaux et étrangers. Nous avons négligé les deux types supérieurs , qui ne représentent que l'exception.

PROVENANCES	DROITS PAR 100 KIL. SOUS PAVILLON FRANÇAIS [*]		AUGMENTATION	RÉDUCTION
	LOI du 19 mai 1860 révisée en 1862	LOI du 18 avril 1864		
Réunion.........	34f 80	37f »	2f 20	»
Antilles françaises.	38 40	37 »	»	1f 40
Indigènes........	42 »	42 »	»	»
Etrangers........	45 60	42 »	»	3 60

IV

Tâchons de mettre en lumière la double conclusion qui ressort du tableau ci-dessus, à savoir :

1° Qu'en l'état actuel de la législation, la Réunion est dans un état d'infériorité évidente comparativement aux Antilles, et à la production
étrangère ;

2° Que la nouvelle loi, en favorisant les pro-

[*] Voici comment sont établis ces chiffres :

Loi du 19 mai 1860. — Elle était basée sur 25 francs de droit
type, avec détaxe coloniale de 3 francs, détaxe de distance de 3
francs pour les sucres des colonies françaises d'au-delà du Cap, et
surtaxe de 3 francs sur les produits étrangers, sans détaxe de

ductions rivales et en enlevant à la Colonie un dernier reste de protection, a constitué celle-ci en une perte considérable comparativement à la précédente législation et l'a jetée impuissante et désarmée dans l'arène de la concurrence.

Des deux points que nous avons à examiner le premier est tout prouvé par les chiffres qui pré-

distance, le tout pour 100 kilog. et augmenté de 2 décimes, transport par pavillon français.

D'où il résultait les droits ci-après.

Sucres des Antilles françaises :

Droit type.	25 f.	»
Détaxe coloniale.	3	»
	22	»
2 décimes.	4	40
Droit total.	26	40

Sucres des colonies françaises au-delà du Cap de Bonne-Espérance :

Droit type.	25 f.	»
Détaxe coloniale et détaxe de distance.	6	»
	19	»
2 décimes.	3	80
Droit total.	22	80

Sucre indigène :

Droit type.	25 f.	»
2 décimes.	5	»
Droit total.	30	»

cèdent. Tandis que la Réunion, par l'effet de la législation actuelle, perd 2 f. 20 par 100 kilog. (ce qui, sur ses récoltes moyennes, représente environ *un million et demi* de francs) les Antilles françaises bénéficient de 1 f. 40 et les sucres étrangers d'une énorme différence de 3 f. 60 !

Sucres étrangers de toutes provenances.

Droit type.	25 f. »
Surtaxe.	3 »
	28 »
2 décimes.	5 60
Droit total.	33 60

En 1862, les droits qui précèdent sont augmentés de 12 francs par 100 kilog., décimes compris, ce qui porte les droits aux chiffres suivants :

Sucre indigène.	42 f. »
Sucre des Antilles françaises.	38 40
Sucre des colonies françaises au-delà du Cap. .	34 80
Sucres étrangers de toutes provenances. . . .	45 60

Loi du 18 avril 1864. — Elle frappe les sucres français ou étrangers d'un droit type de 42 francs pour les nuances inférieures au n° 13, de 44 francs pour celles variant du n° 13 au n° 20 et de 45 francs pour les poudres blanches assimilées aux raffinés, avec détaxe coloniale de 5 francs pour l'île de la Réunion et les Antilles françaises, le tout par 100 kilog., décimes compris, transport par pavillon français.

D'où il résulte les taxes ci-après :

Sucres des Antilles françaises et de la Réunion :

Inférieures au n° 13.	37 f.
Du n° 13 au n° 20.	39
Poudres blanches.	40

Sur le second point il ressort clairement les trois conséquences suivantes :

1° La déviation entre les droits payés par la Réunion et ceux payés par les Antilles est, sous le régime actuel comparativement à la législation de 1862, de 3 f. 60 en faveur des Antilles. En effet, le droit étant aujourd'hui le même, la Réunion perd la différence de 54 f. 80 à 58 f. 40, chiffre des droits sous la loi précédente.

2° La déviation, par rapport à l'industrie betteravière, est de 2 f. 20 au préjudice de la Réunion. En effet, sous la loi de 1862, la différence était de 7 f. 20 en notre faveur ; elle n'est plus que de 5 francs, d'où il résulte que nous perdons 2 f. 20 par rapport aux produits régnicoles.

3° La déviation par rapport aux sucres étrangers est de 5 f. 80 au détriment de la Colonie. En effet, sous l'empire de l'ancienne législation l'écart des droits était de 10 f. 80 en notre faveur, et n'est maintenant que de 5 francs, soit une différence en moins de 5 f. 80.

Un fait vient attester, de la manière la plus irrécusable, cette dernière et déplorable conséquence de la loi du 18 avril 1864. Les marchés français sont inondés par les sucres de la Havane. Quelle est la cause de l'avalanche des cargaisons que cette colonie étrangère répand dans les ports de la métropole ? — Évidemment c'est l'insignifiant écart de 5 francs par 100 kilog. que la loi de 1864 a établi entre les droits respectifs payés par notre denrée et par celle de la Havane, écart qui permet à ce pays d'introduire ses sucres en France aux mêmes frais que nous. Effectivement, la différence de 5 francs par 100 kilog. en notre faveur — soit 50 francs par tonneau — représente tout juste la différence des frais de transport des deux pays en France, frais qui sont moindres de 50 francs pour la Havane.

Quand on songe que la Havane est une colonie étrangère, qu'elle vit encore sous l'odieux régime de l'esclavage, on ne peut que se demander par quelle étrange inconséquence ou par quelle inexplicable aberration la France a pu vouloir favoriser une contrée si peu digne de ses sympathies, au détriment de ses propres possessions ?

En cette matière, on invoquerait en vain des raisons politiques qui n'existent pas et qui ne peuvent pas exister.

Faut-il croire à un manque de calcul? Faut-il attribuer le sacrifice de notre Colonie à l'ignorance ou à la légéreté des pouvoirs chargés de préparer et de sanctionner les lois qui nous régissent ?

Il nous répugne de l'admettre.

Et cependant les faits sont là, palpables, matériels; les chiffres, avec leur inexorable logique, accusent hautement l'injustice de la législation !

V

Pour tout le monde, il demeure constant que la loi du 18 avril 1864 a placé la Réunion dans une situation désavantageuse vis-à-vis des Antilles, en détruisant le niveau rationnel de l'ancienne législation qui reposait sur la détaxe de distance; vis-à-vis des sucres indigènes et surtout vis-à-vis des sucres étrangers, en restreignant à notre égard une protection qui était conforme à la justice en ce qui concerne les sucres indigènes, conforme au patriotisme en ce qui concerne les sucres étrangers.

Que dire de la création des types qui a annihilé les sacrifices énormes faits par les colons et frappé de stérilité tant de dispendieuses innovations industrielles ? —N'est-ce pas le véritable lit de Procuste de l'industrie, que cet impôt exorbitant qui atteint le progrès lui-même ?

En définitive, nous avons fait une année d'expérience — de triste et douloureuse expérience— dont chaque jour a été compté par de lamentables revers. La loi de 1864 a été une calamité de plus qui est venue concourir à notre ruine, avec ces malheurs d'un autre genre que les fléaux de la nature ont répandus d'une main si prodigue sur notre Ile.

VI

C'est demain le 15 août, la grande fête nationale que la mère-patrie et les colonies célèbrent
avec enthousiasme. En ce jour, l'auguste clémence du Chef de l'Etat s'étend sur tous les enfants de la France qui ont besoin de son secours
ou de son pardon.

Pour nous, qui n'avons rien à nous faire pardonner, à moins que nos malheurs soient comptés comme des crimes, demandons à l'Empereur,
non sa clémence, mais un regard de sympathie
pour nos souffrances, un gage d'équité pour tout
ce que nous avons supporté de mécomptes et de
dommages.

Qu'en cette circonstance notre Chambre de
Commerce, unissant sa voix à celles des ports de
mer, et notre Chambre d'Agriculture, organe
légal de l'industrie sucrière, se fassent les interprêtes du sentiment public de la Colonie.

Que ces honorables assemblées renouvellent les
vœux persévérants qu'elles ont tant de fois émis.

La raison, le bon droit, la vérité finissent toujours par triompher de l'erreur et de l'indifférence ; les bonnes causes ne peuvent jamais périr,
quand elles ont pour soutien l'opinion publique.

Typ. de Gabriel Lahuppe, rue du Conseil, 119, Saint-Denis,